일연, 달빛으로 머물다

일연, 달빛으로 머물다

김은령 불교소설

詩와에세이

작가의 말

내가 한창 『삼국유사』와 씨름하며 놀고 있을 때 은사께서 내 방 문에 연이당(然而堂)이란 표찰을 걸어주었다. 아마 일연의 이야기가 내 방에서 계속 이어지기를 바라는 암묵적 요청이었는지도 모른다.

그러나 『삼국유사』는 내가 감히 함께 놀 수 있는 상대는 아니었으니……, 내 방은, 나는, 그저, 그러할 뿐인 세월을 참 오래 보냈다.

방문을 열 때마다 흔들리는 표찰처럼 그저 그렇게 흔들려오다 여전히 나를 흔들며 매혹시키는 『삼국유사』를 나는 불교를 전하는 '불법전서(佛法傳書)'로 이해하게 되었다.

일연 선사께서는 오랜 세월 보고, 듣고, 직접 발품을 팔아서 찾아 낸 신이하고 기이한 이야기를 기록하여 기·승·전·'부처'로 귀결시켜두었다.

『삼국유사』는 그 찬자가 일연이라는 것으로 정설 되어 있으나 책으로 묶어져 출간된 것에 대해서는 아직도 일연 당시에 출간되었다는 주장과 일연 사후 출간되었다는 주장이 분분하다.

아홉 살에 어머니 손에 이끌려 절집에 부려진 후 75년이라는 세월 동안 불제자의 소임에 최선을 다하였고, 국존의 자리에 올라 '원경충조 보각국사(圓徑冲照 普覺國師)'라는 휘호를 받았던 일연 선사, 그의 행적을 엿보다가 『삼국유사』라는 보고(寶庫)는 승려였던 한 인물이 행한 불제자로서의 소임이었으며, 필생의 기록이었다는 것을 알 수 있었다. 그리고 그의 필생의 기록을 전해 받은 제자가 그의 사후 책으로 묶어내었을 것이라는 생각을 해보았다.

　국존의 자리를 버리고 부처의 아들에서 다시 어머니의 아들로 돌아온 일연 선사께서 구순 모친의 손을 잡고 달빛 아래서 들려주었던 이야기가 『삼국유사』다. 이 땅의 역사와 그 역사와 함께 살아온 부처와 조사와 중생의 이야기는 800여 년이 흐른 지금까지 처처에 달빛 머물 듯 비추고 있다.

　삼국의 잊혀진, 잃어버린 이야기를 찾아서 쓰고 있는, 그 이야기를 써야만 했던 일연의 행적을 '불교소설'이라는 이름의 허울을 덮어씌워서 묶어낸다.

　다분히 주관적 시선으로 엿보면서 쓰다 보니 민망하고 부끄럽다.

2022년 세모
연이당(然而堂)에서
김은령

차례

작가의 말 · 04

숙명 · 09
진정한 출가인 · 28
포산에 들다 · 55
대장경판 그리고 남해 · 94
유사(遺事)를 찾아서 · 112
소명 · 148
달빛으로 머물다 · 190

숙명

 가을바람이 소슬하긴 하여도 먼 길의 나그네에겐 숨이 턱턱 막히는 구월이다. 오늘은 걸음을 재촉하여 다른 날보다 더 숨이 차다. 하지만 해지기 전에 닿아야 하니 여인은 무리를 해서라도 걸음을 재촉하는 것이다.

"조금만 가면 된다. 우리 아가 참 용하기도 하지. 엄마보다 더 잘 걷네."

 여인은 어린 아들의 손을 잡고 막 무량사(無量寺) 산문에 들어서고 있었다. 쉼 없이 걸었던 탓인지 아직 해가 서산에 여우꼬리 만큼 걸려 있고, 유달리 노을이 붉었다. 태어날 때에도 어미 힘 하나 들지 않게 순하게 나와 주었고, 영특하여 바라만 보아도 배가 부르고 가슴 벅차는 자식이다. 나이에 비해 말도 가려 할 줄 알고, 참을성이 있는 아들이지만 이유를 알 수 없는 병마에 휘둘리고 있다. 그래도 밥이라도 먹는 집안이니 규모 있는 사찰에 초를 켜고 있고, 다급한 마음에 무당을 불러 굿판을 벌여온 지도 여러 해이다.

급기야 부모와 인연이 없으니 부모 자식 간의 인연을 끊어야 한다는 비책을 받기도 하였다. 그러나 그것은 아니될 말이었다. 어떻게 얻은 자식인데, 무슨 방편을 써서라도 부모 자식의 연을 이어가고 싶었다. 그러던 차에 멀쩡하던 지아비를 잃었다. 그리고 나니 덜컥 무서움이 밀려왔다. 모든 것이 자신의 드센 팔자소관으로만 여겨졌다. 서방 잡아먹은 년에 더해 까딱하면 자식 잡아먹은 년이 될 성싶었다. 미친년처럼 방편을 찾아보았다. 그러다가 당분간 자식과 떨어져 있으라는 방편을 받았던 것이다. 이제 겨우 아홉 살인 자식을 천 리 먼 곳에 놓고 가야 한다는 사실에 한 걸음 한 걸음 한숨이고 가슴에 멍 자국이 든다.

 지아비는 그리 허망하게 떠났지만 아이 하나 만큼 건사할 형편은 되었다. 그러나 이 아이가 어미 손에 있으면 병색을 달고 살다가 명줄까지 놓는다고 하니 한 삼 년 떨어져 그 횡액을 면할 요량으로 이 길을 찾은 것이다. 무량사 주지 무정 스님은 친정의 가까운 피붙이기도 하고 어린 자식의 훈육과 함께 그 또래가 익힐 공부도 충분히 가르칠 인물이고 여건이 되었다. 또한 집안 어른들과는 이미 무슨 말들이 오고 갔는지 자식을 맡길 곳으로 의논이 되어 있었다.

 그리고 무량사는 번잡하지 않고 스님이 시자 하나와 단둘이 생활한다고 하니 절집의 풍속보다 아비처럼 훈육할 수 있는 여건이 좋을 듯 싶었다. 무엇보다 장산에서 이곳까지는 천 리 길이다. 아무리 보고 싶고 애달파도 자신이 쉽게 오갈 수 있는 곳이면 시나브로 아이 곁을 찾을 것 같아 모진 마음을 먹고 결정을 내렸다.

오솔길을 한참 돌아 일주문이 보일 때쯤 새파랗게 젊은 스님이 내달리다시피 다가와서 합장을 하며 맞이했다. 무정 스님의 시자였다. 그는 얼른 여인이 든 보퉁이를 건네받아 어깨에 걸치고는 성큼성큼 앞서 걸었다. 오래전 연통을 해놓은 터라 무정 스님은 미리 다관을 준비하고 기다리고 있었다.

"먼 길을 오셨네. 오는 길에 어려움은 없었고?"

"예, 어른들께서 미리 준비를 해두었던 터라 쉬엄쉬엄 왔습니다. 먹는 것도 자는 것도 다 편하게 올 수 있었습니다."

"걱정은 말고, 때가 되면 자네를 부르겠네. 하루 이틀 쉬다가 소리 없이 떠나시게."

"그리하겠습니다"

"계정아 이 아이 네가 데리고 가고, 여기 보살님은 처소에 모셔드려라."

내린 차를 이제 겨우 두 잔 받았을 뿐인데, 무정은 단 세 마디만 하고는 문밖에서 시립하고 있는 시자를 불러 그 자리를 접었다.

갑자기 눈물이 핑 돌았다. 하루 이틀이라고 했으니 겨우 두 밤이다. 저 어린것을 품고 잘 수 있는 밤이. 여기서 내가 무너지면 안 된다. 어떻게 내린 결정인데 한 삼 년만 참자. 보고 싶어도 그리워도 한 삼 년만 견디자. 여인은 그 다짐을 가슴팍에 꾹꾹 다져 넣으며 계정이라 불리는 스님을 따라 마당의 석탑을 지나쳐 나왔다.

그때서야 경내가 눈에 들어왔다. 발걸음을 멈추고 한번 둘러보았다.

방금 지나쳐온 석탑을 중심으로 뒤편 조금 높은 위치에 단청이 다 벗긴 전각이 보였다. 그 왼편을 끼고 일백 보 정도의 조금 아래로 방금 나온 주지스님 처소이고, 처소 뒤로 조금 비켜서 요사채 한 채가 보이고 오른편 아래로 돌계단 몇 개를 지나쳐 꽤 떨어진 곳에 자그마한 건물 두 개가 겹치듯 자리하고 있었다. 그러고 보니 방금 스치며 지나쳐온 저 탑이 이곳의 중심이고, 또 가장 우뚝하였다. 여인은 눈으로 가늠하다가 단청이 벗겨지고 있었지만 고색이 짙은 저 위 건물이 부처님이 계신 법당이리라 짐작하고 그쪽을 향해 합장 삼배하였다.

아마 저 아래 건물에서 아들은 지내게 되리라. 잠시 발걸음을 멈춘 사이 계정 스님은 아들의 손을 잡고 짐작한 곳의 방문을 열어 들어서고 아들은 '어머니'하고 자신을 불렀다. 눈웃음을 주며 빠른 걸음으로 다가가 아들을 따라 방으로 들어갔다.

"아드님은 여기서 이제 나와 지낼 것입니다. 오늘 보살님이 쉬실 곳은 뒤편에 방이 하나 있습니다. 이따가 제가 군불을 넣어놓겠습니다. 오시느라 힘드셨을 테니 공양 전에 잠시 숨 좀 가라앉히고 계시지요."

계정 스님은 지극히 공손하게, 또 안쓰러운 눈빛으로 여인의 안색을 살피며 말을 건넸다.

"스님 고맙습니다. 앞으로 우리 아이가 많은 신세를 지게 될 것인데, 잘 좀 부탁드립니다. 은공은 꼭 새겨두겠습니다."

"당치않으십니다. 다 인연에 따른 일이지 않겠습니까? 저는 제 소임을 잘 할 생각이니 못 미더우시겠지만 주지스님도 계시고 하니 큰 걱정은 마십시오."

여인의 눈엔 아직 앳된 기가 가시지 않은 것 같아 보이는 스님이 제법 근사한 말로 여인을 안심시키려 애썼다. 그 언행이 또 여인을 울컥하게 만들었다. 인연에 따른 일이라…. 이렇게 늠름하고 기품이 나는 스님은 어느 댁의 자제였으며 그 어머니는 어떤 여인이었을까. 그는 무슨 사연이 깊어 불가와 인연을 맺었으며, 먹물 장삼이 저리 잘 어울리는 불제자가 되었단 말인가. 여인은 자신도 모르게 가슴이 덜컹하는 기분이 들었다. 그리고 다소곳이 앉아 있는 아들의 얼굴을 바라보았다. 그러고 보니 아이는 이 절집에 들어오고부터 단 한마디도 하지 않았다. 아까 자신을 부르는 것 빼고는, 지금의 이 상황은 모자의 인연을 좀 더 견고히 하기 위해, 세세연연 건강하게 어미와 함께하기 위해 잠시 떨어져 있는 방편을 쓰는 것에 지나지 않는데, 왜 자꾸 가슴이 쿵쾅거리고 저 아이는 저리도 침착할까. 무덤덤한 표정은 차라리 고요에 가까웠다.

"예, 부디 잘 부탁드립니다."

여인은 다시 스님께 앉은 채로 합장하고 고개를 숙이고 숙이고를 반복했다.

"떠날 때까진 잠은 아이와 함께 자겠습니다."

여인이 떠날 때까지라고 한건 나름 계산을 한 것이다. 무정 스님은 하루 이틀이라고 하였지만 분위기를 봐서 한 닷새나 잘하면 한 열흘은 아이와 함께 있고 싶었다. 이곳에서 먹는 음식은 어떠하며, 잠자리는 어떠하며, 무엇보다 무정 스님께 온전히 맡긴다고는 하였으나 아이의 하루 일과가 어떻게 이어지는지를 조금은 보고 가야 마음이 놓일 것 같았다. 또 자신만큼 자식을 잘 아는 사람이 없는 법이니 이곳 일상을 지켜보면서 당부도 있을 것이고, 아이가 힘들지 않게 미리 살펴두어야 할 것도 있을 것이기에 그렇게 아주 계산을 넣어 말을 한 것이다. 아마 무정 스님도 그것까지는 허락을 해주리라고 믿었기 때문이다.

"예, 그렇게 하십시오. 우선 좀 쉬십시오. 저는 공양 준비를 하러 가야 합니다."

계정 스님은 합장하고 여인에게 인사를 한 다음 방을 나갔다. 여인은 아들의 손을 잡고 방을 나와 뒤쪽에 있는 두 칸짜리 건물로 가서 자신이 오늘 묵을 방문을 열었다. 방은 낡았지만 깨끗한 침상과 촛대, 그리고 낮은 책상과 작은 문갑 하나가 놓여 있었다.

무언지 모르지만 울컥하는 심사가 올라와 도저히 밥이 목구멍으로 넘어가지 않는 저녁 공양을 마치고 여인은 아들과 함께 무정 스님의 배려가 깃든 잠자리에 들었다.

밤새 뒤척일 때, 스스락거리던 봉창 밖의 댓잎은 잠이 들었는지 조용하다. 방문으로 스며오는 희뿌연 빛이 여명을 부르고 있다는 것을 알 수 있었다.

여인은 품안에 파고들어 자고 있는 어린 자식을 가만히 밀치고 일어나 앉았다. 며칠 있으려면 가만히 앉아서 계정 스님이 해주는 밥을 얻어먹을 수는 없는 노릇이니 자신이 나가서 여기에 있는 동안은 공양 준비는 해야겠다고 마음먹은 것이다. 아이가 깨지 않게 불도 켜지 않고 옷매무새를 다듬고 일어나 방문을 여는데 도량석을 치는 계정 스님 발걸음이 들려왔다. 조용히 방에서 나와서 탑으로 향했다. 스님의 새벽 예불이 끝날 때까지 그녀는 법당에 들어가지 않고 탑돌이를 했다. '부처님 발원하옵니다. 우리 명이 이곳에 있는 동안 잘 품어주십시오. 잘 품어주십시오. 잘 품어주십시오.' 돌고 또 돌았다. 돌다가 자신의 발소리에 놀라 멈춰보니 스님의 예불 소리는 들리지 않고, 아이가 뒤에 서 있었다.

"명아, 네가 왜 여기… 언제 일어났어? 더 자지 않고."

탑을 돌 동안 정신을 놓았나? 어찌 아이가 뒤따라와 자신과 함께 탑돌이를 하고 있다는 것을 알아채지도 못했을꼬. 여인은 놀란 가슴을 누르며 자식을 바라보았다.

"소피가 마려워서요. 나오니 어머니께서 여기에 계시기에 따라온 것입니다."

"피곤할 터이니 가서 더 자거라."

"어머니도 같이 자러 가요."

생각해보니 아침 공양 준비는 아직 조금 이른 것도 같고, 어린 아들을 조금 더 재우고 싶어 여인은 아들의 손을 잡고 다시 방으로 들어왔다. 개키지 않은 이부자리에 다시 파고들어 아들을 품에 꼭 안았다. 팔딱팔딱거리는 아들의 심장 소리가 아프게, 뜨겁게 가슴을 파고들었다. '그래, 한 삼 년이라고 했으니 잠시 잠깐일 테지. 정 안되면 요 아래 마을에 나도 한 삼 년 의탁할 곳을 알아보든지…' 모질게 마음먹고 실행한 것이지만 아무래도 이 어린 자식을 천 리나 먼 이곳으로 떼어놓는 것이 맘이 놓이지 않아 혼자 위로와 궁리를 하고 있었다. 그사이 아이는 숨소리 고르게 잠에 빠졌다. 조금만 더 품고 있다 일어나야지 하고는 아이를 꼭 품었다.

"보살님, 보살님, 일어나서 공양드십시오."

꿈결인 듯 소리가 들렸다. 어렴풋이 몽롱한 정신 속에 헤매는데 누가 방문을 흔드는 것 같았다.

"보살님, 일어나셔야 합니다."

아주 잠깐 아이를 안고 있었던 것 같은데 얼마간 시간이 지나갔나 보다. 후다닥 일어나서 방문을 열었다. 계정 스님이 멋쩍은 듯 빙그레 웃으며,

"많이 피곤하셨나 봅니다. 어른스님께서 공양은 같이 하셔야 한다고 깨우시라고 해서…."

말꼬리를 흘리며 합장을 하는 것이었다.

"이일을 어쩌나. 일찍 일어나서 공양 준비 돕는다고 마음먹었는데, 큰일 났습니다."

여인은 말도 허둥지둥 튀어나왔다.

"큰일일 것이 뭐 있습니까. 어른스님 기다리시니 아이 깨워서 올라오십시오."

계정 스님은 총총히 멀어졌다.

여인은 아직도 꿈결에 든 듯 곤히 자는 아들을 흔들었다. 몇 번을 꿈틀거리다 부스스 일어난 아들은 언제 잠들었냐는 듯 초롱초롱하게 '어머니 일어났어요?'라고 눈빛으로 물었다.

수각의 찬물로 얼른 아이 얼굴을 훔쳐주고, 자신도 얼굴을 훔치고 머리를 가다듬은 다음 주지스님 처소 옆에 있는 공양간으로 향했다. 돌계단을 다 오르고 법당을 향해 합장하고 허리를 굽히며 삼배를 했다. 옆 눈으로 보니 아들도 따라 하는 것 같았다.

"스님, 죄송합니다. 어제 먼 길 탓인지 제가 그만 잠에 빠져서 늦었습니다."

"워낙 먼 길이니 노독이 심했을 터, 앓아눕지 않은 것만이라도 다행이니 어서 공양합시다."라고 무정 스님은 여인의 무안을 덜어주며,

"그래 너도 잘 잤느냐?"

아이를 향해서도 따뜻하게 물었다. 그러자 아이는 마침 잘 물어주셨다는 눈빛을 하고

"예, 두 밤이나 잘 잤습니다."라고 대답을 하는 것이었다.

"두 밤을 잤다고, 밤은 하룻밤인데 어찌 두 밤을 잤다고 하느냐?"

스님께선 아주 묘힌 웃음을 흘리며 아이에게 얼굴을 바짝 갖다 내고 그 연유를 물었다. 여인은 다시 가슴이 쿵쾅거리기 시작했다. 왜 가슴이 쿵쾅거리는 것인지 자신도 도무지 알 수가 없는 일이었다. 주지스님 밥상을 차려놓고 모자의 밥그릇을 들고 오던 계정 스님도 흥미가 이는 눈빛으로 잠시 동작을 멈추고 있었다.

"한 밤이어도 저는 두 밤을 잤습니다. 한 밤 자고 일어나서 어머니와 탑돌이를 하고, 다시 또 한 밤 잤으니 두 밤이지 않습니까?"

주지스님은 어찌 생각하실지 모르지만 여인은 놀랐다. 저것이 어미 늦잠 잔 것이 무안할까 봐, 나름 핑곗거리를 대고 있는 것이다. 우리 어머니는 늦잠 자려고 잔 것이 아니라, 새벽에 일어나서 탑돌이를 하였기 때문에 아침에 조금 늦게 일어난 것이라는 핑계와 자신과 함께 탑돌이를 하였다는 사실을 알려주고 있는 것이다.

"큰스님, 시자의 어린 사제께서 새벽에 탑돌이를 하셨답니다. 참으로 대단하지요?"

계정 스님은 그 속을 빤히 알고 있다는 듯 얼른 장단을 맞추고는 다시 상 차리기를 계속 이어갔고

"하룻밤에 두 잠을 잘 수 있으니, 생 또한 그리하겠구나."

무정은 알쏭달쏭한 말로 마무리를 하고 수저를 들었다. 상을 물리고 계정 스님은 아들 견명을 데리고 나갔고, 무정은 다기에 차를 우렸다. 여인은 혹시 내일이라도 떠나라는 말씀이 돌아올까 하여 찻잔에 차를 따르기 전에 얼른 입을 열었다.

"스님, 한 열흘 머물다 갈까 합니다."

"뭣 하러, 데려다 놓았으면 금방 떠날 것이지."

"제가 보니 아직 당부해야 할 것도 있고, 잠자리도 바뀌어서 아직 어미 품이 좀 더 필요할 것 같습니다. 또 산중 생활은 처음이니 이것저것 일러줘야 할 것도 있을 것 같아서 그리하면 안 될까요?"

"잠자리는 어제 하룻밤 잤으니 알았을 테고, 산중이야 자네도 처음이 아닌가? 일러줄 것은 시자가 있으니 걱정 말게. 보니 아비를 닮아 영특하고 고집도 있으니 잘 지낼걸세. 점심 후에 바로 떠날 준비 하시게. 시자가 아랫마을까지 동행할 것이니 오늘 밤은 거기서 묵고 돌아가는 길은 온 대로 가면 될 것인즉."

무정은 포롯하게 우러난 찻물이 찰랑이는 찻잔을 건네며 단호하였다.

"하지만 아직 어리니… 그럼 한 닷새만 있다가 가겠습니다."

"쯧쯧쯧, 내가 저 아이를 잡아먹기라도 할 것 같은가? 자식은 어미 무안할까 봐 하룻밤을 두 개로 쪼개기도 하는데 어미는 어찌 열흘을 하루로 묶으려고 하는가."

"그게…"

여인은 끝내 눈물이 고이고 말았다. 고개를 수그리자니 눈물이 떨어질 것 같고, 고개를 들어 천장을 보자니 그도 영 꼴이 아닐 것 같아 옷고름을 눈가로 가져갈 뿐이었다.

"괜히 아이 보는데 그러지 말게나. 내가 가르치는 대로 해봄세. 삼년이라고 이야기했으나 일 년이 될 수도 있고, 낭장 내일이 될 수도 있으니 너무 조급히는 말고. 차나 들게나."

무정은 연이어 찻잔에 차를 따랐다. 눈물을 삼키듯 연거푸 찻잔만 들이키다 밖으로 나오니 아들은 법당 뒤에서 내려오고 있었다. 그러다가 자신과 눈이 마주치자 잽싸게 내달렸다.

"어디를 갔다 오느냐."

"저 위쪽에 구경했습니다."

"산속인데 숭한 짐승이라도 있으면 어쩌려고 마음대로 다니느냐. 여기 경내를 벗어나서 혼자 다니면 안 된다. 내일부터는 주지스님과 학문을 익혀야 하니 마음대로 뛰어다니며 놀지 말거라. 네 공부가 빨리 끝나야 어미가 다시 널 데리러 올 수 있단 말이다. 그래야 함께 장산으로 가서 어미와 살면서 장가도 가고 해야지. 알겠느냐?"

여인은 이 어린 자식이 이곳에서 크게 잡아 석삼년만 지나면 집으로 가서 함께 살 것이라고 굳게 믿었다. 그리고 어쩌면 무정의 말대로 일 년일 수도 있고, 당장 내일은 아니더라도 한 계절이 바뀌면 될 수도 있다는 희망을 품으려고 용을 썼다.

"걱정 마세요. 제가 공부 빨리 끝내고 가겠습니다. 먼 길을 어머니가 오실 필요 없어요. 공부 끝내고 내가 가면 되지요."

아이는 더없이 해맑게 웃었다. 어쩌면 새로운 환경이 활력을 불어넣었는지도 모른다. 아버지를 어떻게 기억하고 있는지, 기억하고나 있기는 한지 오로지 어미에게만 매달려온 아이다. 장산에서의 9년은 이 아이에게 어떤 공간이었을까? 저리 해맑은 얼굴을 보니 여인은 갑자기 그런 의문이 떠올랐다.

"장산에서 이곳으로 오니 좋은 것이냐? 이제 어미와 떨어져 있어야 하는데 괜찮겠느냐?"

그렇게 뱉고는 아차 싶었다. 아들의 마음을 어지럽히는 것은 아니었나 눈치를 보았다. 아들은 아주 잠깐 시무룩한 표정을 흘리더니 다시 해맑은 얼굴을 하고는 장산보다 여기가 좋다고 하였다. 그 말끝에 어머니가 없어서 슬프지만 대신 공부를 빨리 끝내서 어머니와 오래오래 살 것이라고 힘주어 말했다. 어느새 컸다. 그것이 여인의 가슴을 또 쓰리게 했다.

가져온 옷가지와 몇 가지 물품이 든 보따리를 풀어서 챙겨주고 여인은 무량사 산문을 빠져 나왔다. 산문을 나오기 전 고색이 창연한 극락전에 들어가 지그시 내려다보시는 아미타불 부처님께 진솔하게 빌었다. 저절로 무릎이 꿇어지고, 이마가 마루에 닿았다. '부처님, 우리 명이 하루 빨리 제 곁으로 보내주십시오. 빌고 또 빌고 비옵니다.' 말 그대로 두 손을 싹싹 비비면서 절을 올렸다.

아들은 어린 나이에 맞지 않게 담담했다. 하지만 여인은 안다. 그 담담함 속에 어리광과 두려움과 서러움과 그리움이 뭉쳐져 있다는 것을. 그래 하룻밤, 아니 열흘을 더 잔다고 해서 좋을 것도 없다. 내가 가야 하루라도 더 공부를 빨리 할 수 있으니 그렇게 하자. 마음으로 다잡고 다잡으며 산문을 나섰다.

산길을 내려오는 동안 바스락거리는 나뭇잎 소리, 날짐승이 자리를 옮기는 소리가 꼭 아들이 몰래 몰래 뒤따라오는 발소리로 들려 몇 번이나 뒤돌아보았다. 무량사는 그렇게 여인에게서 아득히 멀어져 갔다.

무량사에 어린 자식을 두고 내려온 이후 그녀는 무량사에서 허용되는 음식만 해서 먹으며, 생활했다. 아들이 먹는 것보다 기름진 것은 용납이 되지를 않았다. 아무리 명줄을 잡으려는 방편으로 가서 학문만 익히고 있다고 하나 절집이 아닌가. 스님들 따라 부처님 공양하는 법도 익힐 것이고 따로 소일거리도 있을 것이다. 이제 날도 추워지는데, 시자스님이 세숫물이라도 잘 데워서 줄까? 혹시 어설퍼서 구박이라도 받지는 않을까? 단 하루도 마음이 놓이는 날이 없었다. 그 근심을 잊는 일이란 오로지 부처님 가호를 기대할 수밖에 없었다. 그렇게 여인은 부처님의 가호에 기대어 하루하루를 이어가고 아들 견명은 어머니와의 만남을 고대하며 하루하루를 이어가는 사이 여름은 다섯 번째 지나가고 있었다.

무량사에서 5년 남짓 보내는 동안 견명은 어머니가 그리운 것 말고는 별 어려움 없이 지냈다. 무량사 일주문에 들어설 때 성큼 다가와 어머니가 안고 왔던 묵직한 짐 보통이를 가볍게 건네받아 들고 자신을 맞아주었던 계정 스님은 그 후로도 무엇이든 대신 해주었다. 자다가 소피가 마려워서 일어나면 얼른 등잔불을 켜주고, 어쩌다 무정 스님께 꾸지람이 올 때면 얼른 나서서 핑계를 대주었다. 무엇을 하든 마음대로 하게 하였다. 그때는 어서 빨리 공부를 마치고 어머니가 있는 장산으로 가야지 하는 마음밖에 없었다. 그래서 무정 스님이 가르치는 서책을 열심히 따라 배웠다. 또한 계정 스님을 따라 경책도 절집의 법도도 제법 익히고 있었다. 그동안 어머니는 한 번도 자신을 보러 오지 않았다.

견명은 왜 어머니가 한 번도 오지를 않는지 알 것도 같고 모를 것도 같았지만 내색하거나 무정 스님이나 계정 스님께 물어 보지도 않았다. 그러면 또 무슨 동티라도 생길까 무서웠기 때문이다. 무조건 시간이 가기만을 기다렸다. 그러나 어떤 작용이 있었는지 모르지만 어머니와 약속한 석삼년이 지나도 어머니는 오시지 않았고, 그는 계정 스님의 보살핌과 단속 아래 무량사 산문을 벗어날 수 없었다. 오시지 않는 어머니를 기다리는 시간이 원망스러울 때쯤 무정 스님은 그에게 길 나설 채비를 하라고 일렀다. 드디어 어머니를 만나러 가는구나. 들뜬 마음에 우선 계정 스님부터 찾았다.

계정 스님은 여기서 어머니 같았다. 밥도 해주고 자신과 잠도 같이 자 주고, 무엇보다 무정 스님에게서 무조건 자신을 보호해주는 사람이다. 할 수만 있다면 계정 스님하고 같이 가고 싶었다. 하지만 그래서는 안 된다는 것을 알고 있다. 여기서 계정 스님이 없으면 무정 스님은 밥도 굶을 것이기 때문이다. 대신 계정 스님에게 무엇이든지 주고 싶었다.

"스님, 저는 이제 집에 갑니다. 그동안 정말 감사했습니다. 제가 장산에 갔다가 어머니와 함께 다시 스님 보러 오겠습니다. 올 때 뭐 갖다 드릴까요? 우리 어머니께서 반드시 스님께 보답을 하실 것입니다."

"우리 사제가 이제 진짜 세상으로 가게 되었네."

계정 스님은 큼직한 손으로 머리를 쓰다듬으며 호탕하게 웃었다. 처음 여기 무량사에 올 적에는 계정 스님 손도 저렇게 큼지막하지 않았고, 웃음소리도 저렇게 우렁차지 않았다. 그때는 삭도로 밀어낸 파르

르한 머리와 유난히 흰 얼굴과 가지런한 치아를 드러내며 소리 없이 웃는 아주 고운 청년이었다. 돌아보니 그간 긴 시간이 흘렀던 것이다. 매일매일 어머니가 보고 싶은 마음과 어서 빨리 공부를 마치고 장산으로 가야 한다는 생각에 잡혀 계정 스님의 고운 피부와 목소리가 바뀌어갔다는 사실을 몰랐던 것이다. 그 호탕한 웃음소리에 이끌려 견명은 자신을 살펴보았다. 자신도 어느덧 훌쩍 자라 있었던 것이다. 이제 밤에 소피보러 일어나지도 않고, 공양을 마치면 설거지는 당연히 자신이 했던 사실도 그제서야 와닿았다. 그랬던 것이다.

그동안 자신은 어머니와의 재회에 모든 것을 봉인시켜 두었던 것이다. 이제 어머니를 만나면 자신이 어머니를 지켜줄 것이라고 다짐했다. 어린 날 몰래 엿듣고 보았던 자신의 명줄에 대한 이야기, 그것에 대해 어머니가 죄인처럼 움츠러들던 광경 등이 밀려왔다. 새삼 그날 산문을 내려가던 어머니의 뒷모습과 산문을 들어오던 자신의 모습이 교차로 왔다가 사라졌다. 그 모습 위로 자신이 훌쩍 커 있음을 알 수 있었다.

"스님, 제가 스님 보고 싶으면 찾아오겠습니다."

"아이구, 관세음보살. 그럼 나는 여기서 사제가 찾아올 날을 기다리면 되겠네."

계정 스님은 아주 기분 좋은 얼굴을 하고 처음 만났을 때처럼 허리를 구부정하게 구부리고는 얼굴을 바짝 갖다 대고는 지극한 눈빛을 보여주었다.

자신의 머리를 쓰다듬던 계정 스님의 큼직한 손의 감촉과 지극한 눈빛을 뒤로하고 견명은 무정 스님 뒤를 따랐다. 생각해보니 5년 전 이곳으로 들어올 때는 가냘픈 여인의 손에 이끌려 힘겹게 걸음을 나아갔다면 지금은 삿갓 아래로 선풍이 풍기는 큰스님의 발걸음에 뒤처지지 않고 성큼성큼 내디딜 수 있는 소년이 된 것이다. 일주문을 빠져나와 산모퉁이를 돌아 나올 때까지 그리 시간은 걸리지 않았다. 이 걸음대로라면 장산까지 천 리 길도 올 때의 반절만 하면 될 것이다.

 그 시각 무량사 극락전에서 가늘게 흐느끼는 여인의 울음소리가 흘러나왔다. 어깨뼈가 고스란히 드러난 채로 엎드려 우는 모습은 무슨 곡진한 사정이 있는 듯했다.

 "보살님, 나오셔서 차 한잔 드십시오. 벌써 산모퉁이는 벗어났을 겁니다."

 계정 스님은 아주 조심스럽게 법당 밖에 서서 안으로 대고 말을 건네고 있었다. 잠시 정적이 흐른 뒤 땀에 흠뻑 젖은 몰골을 한 여인이 비틀거리며 법당을 나왔다.

 "스님, 제가 부끄러운 모습을 보여드렸습니다."

 "아닙니다. 어른스님께서 알아서 헤아리시는 일이고, 모두 부처님의 관장 아래 이루어지는 일이니 어쩌겠습니까? 그리고 이 소임이 그리 나쁘지는 않습니다. 사제가 좀 남다른 면이 있으니 아마 부처님께서 큰 일꾼으로 쓰실 모양입니다."

 "본인이 어찌 받아들일까요? 이 어미를 원망이나 하지 않을는지요?"

"원망을 한들 또 어쩌겠습니까? 다 인연법이니 헤아리기는 어렵지요."

계정 스님은 여인의 마음을 달래고자 노력하고 있고, 여인은 받아들이고 싶지 않은 현실을 받아들이고자 애쓰고 있었다.

"아마, 보살님의 공덕인 듯합니다."

계정 스님이 위로 차 건네는 그 말에 여인은 소스라치게 놀랐다. 나의 공덕이라고? 어린 자식을 이곳에 던져두고 내려간 뒤 그녀는 단 한 번도 잠을 달게 자본 적이 없다. 단 한 번도 음식을 맛나게 먹어본 적이 없다.

장산에서 세간을 잠시 집안 어른에게 맡기고, 짐을 꾸려 여기 가공산(可空山) 아랫마을 해미(海彌)에 집을 얻어 5년을 버티고 있었다. 사실 처음 이곳 해량까지 보낼 때에는 천 리 먼 길이니 모진 마음먹고 철저하게 떨어져서 액땜을 하리라 결심하고 다짐했었다. 그러나 장산으로 돌아간 후 자신이 먼저 숨을 놓을 것 같았다. 도저히 견디다 못해 죽더라도 아들 발치에서 죽어야겠다는 심사로 결행한 것이다. 자나 깨나 무량사를 보고 무릎이 닳도록 빌고 빌었다. 내가 그토록 빌고 빈 공덕이 자식을 불문에 들게 하는 것이었단 말인가? 지척에 자식을 두고 한 번도 마음 놓고 바라보지 못했다.

무량사 언저리 숲에 들어와 몰래 먼발치에서 훔쳐보기를 수천 번, 그러다가 무정에게 들키기라도 하면 다시는 얼쩡거리지 않겠노라 맹세만도 수백 번이었다. 오로지 자식이 모든 액땜 다 하고 건강한 몸으로 긴 명줄을 잡고 산문을 나오기만을 기다리고 기다렸다. 그런데 세상사가 어디 마음대로 되어야 말이지 자식 목숨을 담보로 곁을 빼앗아 가니 어쩔 도리가 없는 것이다. 내 것이 아닌 운명이라는데 어쩌겠는가? 무엇보다 벼슬길에 나아가지 못할 바에야 불문에 들어가서 부처님 제자로 사는 것이 훨씬 대접 받는 시절이니 이는 자식의 출세와 직결되는 것 아닌가. 여인은 법당에서 나와 산문 밖을 향해 합장을 하였다.

"이제 장산으로 돌아가실 겁니까?"

여인의 막연한 눈빛을 흩트리며 계정 스님이 물었다.

"좀 생각을 해봐야겠습니다. 무정 스님께서 돌아오면 의논을 해볼까 합니다. 이곳에서 무정 스님 시봉을 들어드릴까도 싶고, 아니면 피붙이들이 있는 장산으로 갈까도 생각해보고 있습니다."

아들이 떠난 방문은 결국 열어보지 않았다. 끝까지 아이와 한 방을 쓰며 살펴준 계정 스님에게 거듭거듭 고마운 마음을 전하고, 무정 스님이 오시면 다시 들르겠다는 말을 남기고 여인은 무량사 일주문을 나섰다. 해는 아직 중천에 걸려 있었다. 여인은 그동안 단 한순간도 놓치지 않고 안간힘으로 움켜쥐고 있던 자신과 아들을 묶고 있던 붉은 탯줄을 모질게 잘랐다. 여인의 성씨는 이 씨로 장산 지방 토호이며 향리 출신인 김언필의 처이며, 훗날 보각국사가 되는 일연 스님의 모친이다.

진정한 출가인

설악의 밤은 길고 고요하다. 멀리 동해를 건너오는 바람이 이 골짜기까지 와서 잠자는 것도 고요가 있기 때문이다. 특히 오늘 같은 겨울 밤은 세상의 모든 소리는 태초에 없었던 것이 아닌가 할 정도로 고요하다. 가끔 설해목 부러지는 소리가 벽력같이 들릴 때도 있지만 그 순간이 지나면 다시 고요는 찾아온다.

일연은 책상에서 타고 있는 등잔을 가만히 바라보았다. 주위의 모든 소리는 죽음을 맞은 듯 움직임이 없고, 등잔의 심지를 타고 일어나는 불꽃은 미세한 소리를 내며 방안에 자신의 그림자를 만들고 있었다. 그림자는 벽면에 꺾인 채로 가만히 붙어 있어 흡사 오래전부터 있었던 벽 속의 누군가가 자신을 노려보는 것 같았다. 숨을 가다듬고 다시 귀를 기울여 보았으나 들리는 소리는 등잔불이 타오르는 소리뿐이다. 훅, 등잔불은 단 한 번의 숨으로 꺼졌다. 그는 가만히 방문을 열고 나왔다.

시나브로 날리던 눈송이는 그쳤고 절 마당은 흰빛으로 어룽거렸다.

그 어룽거림은 상당히 입체적이어서 안개가 막 깔리는 순간 같기도 하고, 얇고 부드러운 흰 명주 수십 필을 펼쳐놓은 것 같기도 했다. 그 몽환의 공간 가장자리로 대웅전, 명부전, 서쪽으로 산령각의 실루엣이 서서히 드러나고 있었다. 그 실루엣 위로 하늘이 내려와 있고, 언제 눈발이 날렸는가 싶을 정도로 하늘이 맑아 주먹만 한 별들은 금방이라도 쏟아질 듯 매달려 있다. 아마 삼경은 지난 듯하다. 아무도 밟지 않은 눈 위에 발자국을 남기며 그는 마당을 돌기 시작했다. 눈 위에 찍히는 발자국에 지난날 무정 스님의 손에 이끌려 처음 이 마당에 들어서던 때가 따라왔다.

  무정 스님은 무정 자신이 입버릇으로 말하던 싹이 보이는 물건을 이곳에 부려놓고 떠났다. 그해 장산에서 해양까지의 긴 여정 끝에 무량사 도량 한 귀퉁이에 자기를 부려놓고 떠난 어머니처럼, 남쪽 해양에서 여기 설악산 깊은 곳 진전사까지의 길고 긴 여정 끝에 자신은 진전사 한 귀퉁이에 툭 부려졌고 무정은 떠났다. 단지 다른 것이 있다면 어머니는 떠나기 전날 온 밤을 어린 자식에게 자신의 가슴팍을 온전히 내어주었다면, 무정 스님은 온 밤을 장난기 가득한 눈빛과 엷은 미소를 남겼다는 것이다.

  그는 지난 7년간의 세월을 되짚어 보았다. 아홉 살 어린 나이로 어머니와 헤어진 후 5년을 무정 스님에게 잡혀 있다가 드디어 어머니를 만난다는 설렘을 안고 무량사를 떠나 여러 날을 걸어온 후 한 밤이 되어서야 관룡사에서 유숙하게 되었다.

"명아, 일어나 앉아 보거라."

주무실 생각은 없으신지 자못 근엄한 표정으로 무정은 자신을 불렀다. 객승이라고는 하나 무정 스님은 이곳의 주지스님과 꽤 친분이 있었던지 따로 방사를 하나 받아 단둘이서 잠을 잘 수 있게 되었다. 이부자리를 펴 드리며 종일 걸어와 힘이 드실 것이니 빨리 주무시라고 하고 자신도 조금 떨어져서 이불 속으로 들어가서 막 눈을 감았을 때 무정 스님은 당신도 몸을 일으키며 그를 불러 일어나게 하였다.

"예, 스님."

그는 일어나 스님 앞으로 무릎을 당겨 꿇어앉은 자세를 취했다.

"장산까지는 얼마나 남아 있는 것 같으냐?"

"잘 모르겠습니다."

"장산에 빨리 닿고 싶으냐?"

"예, 어머니가 기다릴 것을 생각하니 조금 조급해집니다."

"이제 장성해졌는데 장산에 가면 무엇을 할 생각이냐?"

"학문도 열심히 익히고, 어머니를 잘 모실 생각입니다. 또 불경도 열심히 익히겠습니다."

그때 그는 급하게 불경도 열심히 익히겠다고 덧붙였다. 불경을 빼먹으면 스님께서 서운해 하실 것 같았고, 만일 서운하여 어머니께 데려주지 않으면 어쩔까도 싶은 생각이 잠시 들었기 때문이다.

"음, 학문은 열심히 익히면 되고, 불경도 열심히 익히면 될 테고…. 어머니는 어떻게 잘 모시려고 하느냐?"

"그냥… 잘 모시겠습니다."

"음, 그만 눕거라."

무정 스님은 무량사를 떠나올 때 지그시 바라보던 계정 스님과 같은 눈빛으로 자신을 바라보다가 다시 자리에 누웠다. 그는 스님께서 내가 어머니에게로 돌아가서 어머니를 잘 모시지 못할까 봐서 걱정이 되시는 건가?라고 생각하며 잠을 청했다. 그리고 무슨 상관으로 괜한 걱정을 하시나? 하는 삐죽거리는 마음이 속에서 슬그머니 일어났다. 왜냐하면 어머니가 계신 집에 도착하기만 하면 그는 무엇이든지 다 할 수 있을 것 같았다. 그는 이제 처음 무량사에 들던 그 어린애가 아니며, 사계절 골골거리는 병색 짙은 아이도 아니기 때문이다. 계정 스님의 말대로 이제는 달리는 노루도 잡을 만큼 힘도 세졌고, 법당의 키 높은 촛대에 꽂힌 양초에 거뜬히 불을 붙일 만큼 키도 훌쩍 자랐기에 어머니가 원하는 일은 다 할 자신이 생겼기 때문이다.

무량사를 떠난 뒤 꼬박 걷기만 하였으니 발에 물집도 잡히고 다리도 후들거려서 잠은 쉽게 들지를 않았다. 더군다나 어머니를 만날 생각을 하니 오려던 잠은 천 리나 만 리나 도망을 가고 대신 어머니 얼굴이 자신의 얼굴에 바짝 다가오고 어머니 냄새가 코끝에 스치기만 하였다. 옆에 누워계신 스님의 깊은 숨소리가 들리고 그는 좀 더 어머니와 함께 하고 싶어 한동안 잠들지 않았다. 그렇게 뒤척이는 사이 창호지 밖이 뿌옇게 밝아오고 있었다.

"어서 따라오너라."

해가 관룡사 법당 용마루에 걸릴 때쯤 무정 스님은 갈 길을 재촉했다. 몇 해 전 어머니 손에 이끌려 처음 장산을 떠나 무량사로 갈 때에는 가는 동안 장산의 친가나 무정 스님의 연통이 닿아 있는 민가에서 유숙하였는데, 지금은 오로지 산길만 따라 걸으며 길목, 길목 절집에서 유숙하게 되었다. 그러니 집으로 돌아가는 길의 풍경이 도통 낯설기만 하다. 그러잖아도 5년여의 세월이 흘렀고, 그때만 해도 어렸으니 아슴아슴한 풍경들이 단 한 군데도 낯익은 곳이 없었다. 그렇게 또 도중에 쉬면서 재촉하면서 열흘도 더 걸었다.

장산은 멀기만 하였다. 아무래도 길을 잘못 잡은 듯하다. 5년 전 어린 걸음으로 무량사를 향했을 때도 이보다는 훨씬 빨리 가 닿았던 것이 확실하고 생각키로 무정 스님의 걸음은 그때의 어머니 걸음보다 훨씬 더 힘차고 빠르지 않은가. 자신 또한 그때보다는 두 배나 더 가볍고 빠른데 길 떠난 지가 언제인데 아직도 장산에 닿지 못한 것은 길을 잘못 든 것이 아니라면 달리 설명이 되지를 않는 것이다.

"스님, 아무래도 우리가 길을 잘못 든 것 같습니다. 제자 생각에는 훨씬 이전에 이미 장산에 도착해야 하는데 뭔가 잘못 된 것 같습니다."

가도 가도 산길이고 오늘도 저물어 오는지라 그는 내심 몇 날 전부터 하고 싶었던 말을 뱉었다. 어쩌면 무정 스님께서 평생을 무량사에만 계셔서 처음부터 장산 가는 길을 몰랐을 수도 있겠다는 생각을 했다. 아니면 무언지 모르는 감추어진 사실이 있을 것 같은 막연한 두려움도 자꾸 일어나고 있었기 때문에 더 이상 참지 못하고 속마음을 뱉었던 것이다.

"네 생각엔 길을 잘못 든 것 같으냐?"

"네, 스님. 잘못 든 것이 분명하옵니다. 무량사에서 장산까지는 이렇게 멀지가 않습니다. 그때 어머니와 갈 때에 보았던 풍광도 낯익은 곳이 한 군데도 없는 것이 분명합니다."

"거참 이상하구나. 내 눈엔 저 앞에 훤히 보이는데 넌 왜 보지 못할꼬?"

"예? 스님 장산이 보인다구요. 어느 쪽에 장산이 보입니까요?"

그는 가슴이 뛰기 시작했다. 저 앞에 장산이 보인다면 오늘 밤 안으로 늦어도 내일이면 도착할 것이 아닌가. 이제 드디어 그리운 어머니 품으로 돌아간다고 생각하니 울컥 목이 먼저 메여왔다. 그러다가 자신의 조급함이 민망해졌다. 스님께서 마을보다 절집으로 길을 잡으신 것은 오는 도중 도반 스님들도 만나고자 했을 것이다, 또 나름의 볼일이 있어서일 테다. 그런데 그걸 믿고 기다리지 못하고 눈앞에 목적지를 두고는 그사이를 못 참고 속마음을 드러내었으니 아마 틀림없이 스님께서는 속으로 혀를 차고 계실 것 같았다.

그 민망함을 감추려고 짐짓 고향 장산을 눈에 삼으려는 모양새로 이리저리 고개를 돌리며 스님의 안색을 살폈다. 스님께서 그런 자신의 마음을 아시는지 모르시는지 오늘 밤은 저 아래 마을에서 자야겠다고 하시며 산길을 내려가기 시작했다. 그는 행여나 뒤처질세라 바짝 스님 뒤를 따라붙었다.

이틀 후 무정 스님과 이곳에 도착했을 때는 깊은 가을이었다. 멀리 일주문이 보이는 순간 절집 전체가 눈에 잡혔는데 주위는 온통 단풍색이 짙어서 담장을 경계로 흡사 불타는 화염 속에 오롯하게 핀 연꽃 같은 형상이었다. 주위의 산은 온통 단풍으로 불타고 있었고, 그 중간 널찍하게 터를 닦아 부처님 도량이 자리 잡고 있었다. 무량사와는 비교가 되지 않을 만큼 도량이 넓었다. 강원도 설악산 진전사였다.

그렇게 그는 무정으로부터 이곳에 부려졌다. 삼 년만 떨어져 살면 평생을 함께 살 수 있다고 자신을 무량사에 부려놓고 간 어머니는 어디에도 없고, 삼 년만 지나면 자신이 찾아가겠다던 장산도 도무지 어디에 있는지 알 수 없는데, 무정 스님은 그런 자신에게 가타부타 말 한마디 없이 대웅 스님 품속으로 자신을 툭, 던져놓으며

"이곳이 장산이고 이 무서운 화상의 품이 네 어미 품이니 그리 알아라."

한마디 하시고는 도깨비 뒷간으로 내빼듯이 진전사 산문을 빠져나가 흔적도 없이 사라졌다.

뭐가 뭔지 도통 감이 잡히지 않았다. 나는 누구이며, 지금 어디에 와 있는가? 처음으로 그는 자신이 누구인지가 궁금해졌다. 어머니가 보고 싶다는 생각도 나지 않고, 여기서 빠져 나가야겠다는 생각도 없었다. 내가 무엇 때문에 지금 이곳에 있는지 그것이 도통 의문스러울 뿐이었다.

도깨비에 홀린 것 같기도 하고 지난 세월 무량사에서의 시간들이 꿈

같기도 하였다. 자신의 어깨를 토닥여주던 계정 스님의 커다란 손과, 산신각 뒤편으로 가끔 모습을 보이던 노루의 맑고 초롱한 눈과 명부전 뒤편 살구나무에서 풋살구가 떨어지며 구르는 소리가 한꺼번에 밀려왔다. 무엇보다 그윽한 눈으로 명아, 명아 하고 자신을 불러 앉히던 무정 스님의 목소리가 모두 꿈결에서 들었던 것처럼 아슴슴하게 다가왔다가 아스라이 멀어지기를 반복했다. 또 하나 밤마다 살구꽃 냄새 같은 살 비린내를 풍기며, 우리 아기 이 조막만한 손은 언제 커서 어미 손을 잡고 이끌라나? 어미 손을 잡고서 천지사방 이끌라나. 이끌어줄라나. 주문처럼 외며 자신의 손을 가슴팍에 지긋이 갖다 대고서야 잠이 들던 곱디고운 어머니, 관룡사에서 그날 밤 꿈속에 자신을 찾아와 밤새 머물다 간 어머니, 모두가 한바탕 꿈속 같았다.

대웅 장로는 호탕한 사람이었다. 무정 스님과 무슨 밀약이 있었는지 모르지만 무정 스님에게서 그를 위탁받을 때 아주 호탕하게 무정 스님에게 약조 아닌 약조를 하였더랬다.

"이보게 무정, 이 귀한 사미를 나에게 넘겨주니 내 어찌 기쁘지 않겠나? 아무 걱정하지 말고 사라지게나."

"자네가 잘 보살펴주게나. 아무래도 나는 나 혼자 건사하기도 벅찬 형편이니, 부탁함세."

"허허 이 사람, 무슨 미련이 그리 많은가. 자네답지 않네. 나중에 저승 가서나 보세 그려."

하면서 아주 호탕한 웃음으로 무정 스님을 안심시켜 보냈다. 견명은 혼자 이곳에 남겨졌다.

"이제 그만하면 되었다. 삭도와 대야에 물을 준비하거라."

대웅 스님이 여전히 멍한 상태에서 헤매는 그를 깨운 것은 화염 같은 단풍이 다 내리고, 서설이 내리던 기묘년(1219년) 초겨울 아침이었다. 산중의 겨울은 초입부터 다르다. 놋대야의 물이 삭도의 푸른 날을 더 예리하게 세웠다. 한 움큼씩 잘려지는 머리칼은 이제 그의 몸에서 뚝뚝 떨어져 나가고 있었다. 무심결인데도 뚝뚝 눈물이 흘렀다. 아마 그동안 갇혀 있던 눈물이 기회를 잡아 나오는 것이리라.

"슬프냐?"

"……"

"무정이 너를 맡길 때는 다 연유가 있거늘, 너를 이제 일연(一然)이라 부르마. 법은 하나에서 시작되고 그 하나가 만법이 되느니. 앞으로 이 이름을 잘 지녀서 법과 중생과 네가 인간사 만사에 그러함을 잊지 말고 그 속에서 잘 스며들어 노닐어 보거라."

대웅 스님은 평소의 그 호방함과는 사뭇 다른 어조로 삭도를 밀며 말을 이어갔다.

"네 모친은 아주 잘 계신다. 너를 여기에 보낸 것도 모친의 뜻이니 그리 알거라. 너 같은 혹을 붙이고 살기에는 날이 너무 많지가 않느냐. 그러니 이렇게 머리를 깎고 부처님 품에 안기는 것이 효도이니라. 이제 모친은 자유롭게 훨훨 놓아드려라."

그는 하마터면 대야에 얼굴을 박을 뻔하였다. 어머니가 나를 이곳으로 보냈다고? 나 없이 살고 싶어서? 그럴 리가 없었다. 그는 누구보다도 어머니를 잘 알고 있다. 어머니는 자신이 전부였다. 어린 시절이었지만 아버지가 돌아가시고 주위에서 자식 명줄을 대신했다고 힐난의 말들을 쑥덕거릴 때에도 그래서 다행이라는 듯 자신을 뼈가 으스러지도록 품에 안고 버텼던 어머니다. 이유 없이 꼴깍꼴깍 숨이 넘어갈 때는 나라에서 금기시하는 무당집을 미친 듯이 찾아다니며, 인간이 쓰지 말아야 할 방법과 방편을 쓰던 사람이었다. 그 방법과 방편이란 때론 사람 몰골을 포기할 때도 있고, 때로 가문도 처지도 시궁창으로 밀어 넣을 때도 있지만 두려워하거나 주저하지 않은 사람이었다.

  무량사에 갈 때만 해도 그랬다. 장산에서 무량사까지 어느 한 밤도 자신을 놓은 적이 없었다. 무량사에서의 마지막 밤은 또 어떠했는가. 자신의 손을 꼭 쥐고 당신의 가슴팍에 묻고는 뜨겁고 뜨거운 숨을 자신의 정수리에 불어 넣지 않았던가. 가냘프게 떨리던 숨결과 정수리로 들어오는 뜨거운 숨은 자신을 무량사에서 견디게 하는 묘약이었다. 그 숨결이 이리도 아직 뜨거운데 나를 보지 않겠다니, 믿을 수가 없었다. 그러나 다시 돌이켜보니 어머니는 무량사에 자신을 두고 떠난 뒤로 단 한 번도 찾아오지 않았다. 처음 삼 년을 이야기하였으면 눈 빠지게 기다린 삼 년째는 왔어야 했다. 물론 삼 년이 지나면 자기가 먼저 어머니를 찾아가겠다고 했지만 자기가 가지 않으면 어머니가 왔어야 했다. 그런데 삼 년이 지날 무렵 무정 스님은 아직 공부를 마치지 못했으니 네가 게으르고 못 나서 어머니가 오고 싶어도 못 온다고 했었다. 그렇더라도 한 번 보고 갈 수는 있지 않았을까? 그때는 왜 그 생각을 못하고 단지 자신이 못나고 게을러서 삼 년이 지나도 공부를 마치지 못한 것에만 주눅이 들고 자신을 보고 싶어 할 어머니에게 미안한 마음이 앞서 그런 의문을 가질 틈이 없었다.

아마 이것도 자신을 호되게 나무라는 것으로 생각을 돌리게 한 무정 스님의 계책이었으리라. 그렇다면 어머니는 정말 나를 잊기로 한 것임에 틀림이 없구나. 내가 혹여라도 찾아갈까 봐, 장산 언저리가 아닌 여기 설악산 골짜기까지 보낸 것이구나. 그는 주먹에 힘이 들어오고 목에 힘줄이 돋는 것을 느꼈다.

"이보게 일연 스님, 목에 힘을 좀 더 빼시게."

일연? 그는 퍼뜩 정신이 들었다. 나는 지금 놋대야를 마주 보고 무릎을 꿇고 앉아 삭발식을 하고 있구나. 이제 나는 견명이 아닌 일연이구나. 생각이 찰나를 지날 때 고개를 들어보라는 대웅 스님의 목소리가 다시 들렸다. 그는 무릎을 다시 고쳐 앉으며 가만히 고개를 들었다.

"하핫핫"

호탕한 대웅 스님의 웃음소리에 처마 끝으로 내리던 눈발이 휘청 연기처럼 휘몰리는 것을 보았다. 대웅 스님은 그에게 참 잘 생겼다고 듣기 좋은 소리로 달랬지만 그는 알고 있다. 어렸을 때부터 병약하던 신체는 무량사에서 5년의 공을 들였음에도 또래보다 허약하다는 것을, 그리고 사실 바로 말이지만 인물도 기백이나 용맹은 물론 준수하지도 않다는 것을. 그것은 어린 마음에도 무량사의 계정 스님이 너무 보기 좋아서 자신의 얼굴은 어떤가 하고 어느 때 가만히 수각에 얼굴을 비춰본 후에 안 것이다. 거기에는 병약하고 이목구비가 흐릿한 사내아이가 자신을 빤히 올려다보고 있음을 보았던 것이다. 그때 그는 계정 스님처럼 되고 싶어 물어본 적이 있다.

"스님, 저는 언제 스님처럼 그런 잘생긴 얼굴이 되나요?"

"왜 내 얼굴이 탐이 나나?"

"예, 스님은 잘 생겨서 보기가 좋아요. 마을의 보살님들도 오시면 스님이 좋다고 웃고 잘 해주고 하니까. 저도 스님처럼 되고 싶어요."

"사제는 스님이 안 될 텐데 보살님들께 잘 보여서 뭘 하게? 혹시 나중에 스님이 되면 그때 내가 알려주겠네."

그런 계정 스님이 갑자기 보고 싶어졌다. 이상한 일이다. 상념은 어머니를 생각하다 어머니를 놓치고 계정 스님을 데리고 온 것이다. 단연코 이 상황에서 잘 생기고 싶어서가 아니라 그냥 계정 스님이 보고 싶어졌다. 스님-, 또 다른 눈물이 솟아나왔다.

장산에서 태어나 이유 없이 병약하여 부모의 애를 끓이다가, 운명인지 아버지를 일찍 여의고 어머니 품에 싸여 지냈다. 천지가지인 자식의 명줄에 매달리던 가엾고 가여운 여인이었던 어머니, 그 여인의 꿈이었던 건강한 몸이 되었으나 천년만년은 고사하고 단 하룻밤도 함께하지 못하는 신세가 되었다. 태를 묻은 곳에서 얼마나 먼 곳인지도 모를 여기 설악산 깊은 골 진전사에서 대웅 장로에게 구족계를 받고 툇마루에서 그는 견명이라는 이름을 버리고 일연으로 태어났다.

이곳 진전사에 온지도 벌써 여러 달이 지났다. 그동안 멍하게 어머니와 무량사에 붙잡혀 헤매고 다녔다고 생각하였는데, 자신도 모르는 사이 이곳의 예법을 익히고 있었던 모양이다. 사람의 몸과 마음이 따로 갈 수 있다는 사실에 놀라기도 하고, 스스로 대견하기도 하였다. 자나 깨나 어머니와 무량사가 자신의 머리나 가슴에서 떠나지 않았지만 몸은 어머니도 무량사도 떠나서 먹고 자고 진전사의 곳곳을 누비며 다녔기 때문이다. 이제 진전사 구석구석 웬만한 곳은 눈에 다 익었다. 남쪽에는 계단을 지나 높다란 종각 지붕 너머로 축대가 있고, 적광보전(寂光寶殿)을 중심으로 크고 작은 전각 일곱 채가 제각각의 주인을 모시고 날렵한 지붕을 이고 장엄하게 가꾸어져 있다. 그리고 선방이 있는 북쪽은 언제나 한적한 공기가 흐르고 있다. 경산도 장산 지방 토호인 김씨 가문 김언필의 자식인 김견명으로 태어나 어린 시절 그곳에서 보내고, 전라도 해양 무량사를 거쳐 이곳 강원도 양양 설악산 깊은 곳 진전사에서 대웅 장로의 자식인 일연으로 다시 태어났다.

그는 대웅의 가르침 아래 불제자로서의 공부와 설악산의 사계절을 몸으로 새기며 세월을 보냈다. 처음 4~5년은 정신없이 보냈다. 눈 뜨고 일어나 눈 감고 잠드는 시간은 처마 끝 낙숫물 한 방울 떨어지는 시간처럼 지나갔다. 몸도 마음도 한정 없이 빠르게 자랐다. 이곳 진전사는 무량사와는 비교도 안될 만큼 분주하다. 무량사에서는 기껏해야 마을 사람들을 볼 수 있는 것은 사월 초팔일 등 해서 일 년에 몇 날 뿐이었지만, 여기서는 분주하리만치 마을 사람들 자주 드나들고 있었다.

특히나 지방의 토호 세력들은 집안의 안위를 이곳에 위탁해놓고 있어 그 집안의 부녀자들은 매월 초하루에는 어김없이 공양물을 준비하여 전날부터 와서 기도를 하고 갔다. 때론 집안의 노부인이나 안주인들은 때를 정해 칠일이나 삼칠일을 머물다 가는 일도 흔했다.

일연도 코밑이 거무스름해지고 장단지에 힘줄이 돋을 나이인 스무 살 즈음에는 주지인 대웅 스님의 하명으로 부인들의 기도를 돕는 심부름을 맡는 경우도 종종 있었다. 기도를 도우러 법당에 들어가서 분 냄새를 풍기는 부인들 곁을 지나칠 때면 가슴 저 밑바닥에 감추어 둔 어머니의 향기를 맡게 되는데 그럴 때면 자신도 모르게 아랫도리가 뻐근해지고 가슴이 벌렁거리는 것이다. 무언지 모르는 제 안의 것이 용솟음치는 일도 있어 황망하게 자리를 피하곤 했다.

그즈음 도순문사(都巡問使) 댁에서도 이곳 진전사에 집안의 안위를 발원하는 제사를 맡기고 있었다. 제삿날이 되면 그 집안의 아녀자들은 계집종들을 데리고 올라 오는데, 여느 집안의 제사보다 분주하고 또 신경을 썼기에 그때는 선방의 스님들을 빼고는 어른스님을 모시고 다 제사에 참여하여 여법함을 보여 주었다. 그 해에도 어김없이 도순문사 집안의 제사가 있었다. 승가 고시인 상상과 시험을 눈앞에 둔 일연도 잠시 법요식 시간에만 참여하기로 하고 그 시간에 법당으로 향했다.

"스님~"

누군가 급하게 옮기는 발걸음을 멈추게 했다. 자신을 부르는 소리인지, 아니면 다른 누군가를 부르는 소리인지 정확하지는 않지만 처음 듣는 보드랍고 낭랑한 여인의 목소리에 그만 자신도 모르게 발걸음을 멈추고 주위를 둘러보게 된 것이다. 조금 떨어진 곳에 선녀 같은 여인이 옆으로 서서 고개를 수그리고 서 있었다. 일연은 요량 없이 얼굴이 화끈하게 달아올랐다. 애써 표정을 누그러트리며 그쪽으로 발걸음을 돌리려는 순간 여인의 앞쪽에서 사형인 일중 스님이 함박웃음을 웃으며 여인에게 다가가는 것이 보였다. 일연은 엉겁결에 화들짝 뒷걸음으로 물러나며 그 순간을 놓치지 않고 보았다. 함박웃음과 함께 수줍은 듯 서 있는 여인의 어깨를 잠시 감싸 안았다가 얼른 떼는 사형의 크고 흰 손을. 어떻게 법당에 들어 왔는지 모르겠고 그 집안의 복록과 명운을 비는 제사가 어떻게 마무리 되었는지도 몰랐다. 정신을 차려보니 관음전 뒤편 널찍하게 놓여 있는 바위에 앉아 있는 자신의 모습이 보였다. 일연은 실소를 머금고 제 귀에도 들릴 만큼 큰소리가 나도록 침을 꼴깍 삼켰다.

  사형과 그 여인은 어떤 사이일까? 그 여인은 저 집안사람임은 분명한데 누구일까? 언제부터 사형과는 아는 사이였을까? 저 여인과 사형은 무슨 말을 주고받았을까? 오만가지 상념이 가슴과 머리를 어지럽혔다. 그 와중에 아까 그 여인에게로 다가가서 함박웃음을 웃으며 여인의 어깨를 감싸는 사람이 사형이 아니라 자신이 대신하고 있다는 것을 깨달았다. 참으로 어이없는 상념이다. 그 상념이 당치도 않다는 걸 애써 각인 시키고 나서야 그 여인도 사형도 시야에서 사라졌다. 일연은 한동안 멍하니 앉아 있었다. 눈을 들어 관음전을 바라보았다.

관음전에 들어가 절이라도 올릴까 하다가 곧장 자신의 방으로 발걸음을 옮겼다. 방안에 들어와 좌선을 하고 곧 있을 시험에 대비해서 책을 펼쳐보았으나 하나도 눈에 들어오지를 않았다. 얼마나 시간이 흘렀을까. 이내 저녁 공양 시간이 찾아오고, 공양을 하면서 오늘 제사에 참석한 노부인과 시중들 하인 몇은 삼칠일을 머물고 간다는 이야기를 들었다. 그 몇이라는 말에 공연히 가슴이 벌렁거렸다. 그러다가 내가 왜? 하는 물음을 스스로도 해보았다.

일중 사형은 일연보다 나이가 열 살 정도 많기도 하지만 모든 면에서 부러운 존재이다. 준수하고 기품이 있는 용모를 가진 것은 물론 학식도 뛰어나고, 언변도 뛰어나서 사람들을 따르게 하는 묘한 매력을 지니고 있다. 또한 대웅 스님은 그런 일중 스님께 믿음도 있거니와 기대도 큰 것을 대중들은 다 잘 알고 있다. 그러니 신분고하를 막론하고 그를 따르는 이들이 많다. 일연도 내심 이곳에 계신 수좌 스님들 중에서 일중 스님을 제일 따르고 있었다.

그날 이후 일연은 일중 스님을 바라 볼 때 괜히 얼굴이 화끈거려 고개를 숙였다. 또 경내를 거닐 때마다 그때 본 여인이 이곳에 있겠지 하는 짐작으로 주위를 살피곤 했다. 하지만 그 후로 그 아리따운 여인을 먼발치에서 한두 번 보았을 뿐 가까이 가 볼 수는 없었다. 노부인은 관음전에서 주로 기도를 올린다니 슬쩍 그쪽으로 가보고도 싶었지만 웬일인지 평소에 자주 가던 관음전 뒤편 바위에 가는 것조차 부끄러웠다. 처음 이곳 진전사에 와서 외롭고 슬플 때 들어와 울던 관음전 그리고 혼자 가서 앉아 있던 바위, 그 바위는 어느새 일연의 자리가 되어 있었지만 지금은 그곳을 가는 것조차 자꾸 주저되는 것이었다. 그리고 밤만 되면 이상한 상념에 휘둘리는 것이다. 자기는 머리를 깎고 진전사에서 공부하는 승려가 아니라 훤칠한 대장부로서 고향 장산에 있는 것이다. 거기서 지난번 일중 스님 앞에서 수줍게 서 있던 그 여인을 데리고 어머니와 함께 살고 있다. 이런 상념이 자꾸만 떠올라서 잠도 자지 못하고 그렇다고 공부가 되지도 않아 아무리 머리를 세차게 흔들어 봐도 좀처럼 그 상념은 사그라지지를 않았다. 한순간의 목격으로 이리 사람을 휘둘러 놓다니 어쩌면 자신도 모르는 마음속 깊은 곳에 움트고 있던 상사의 씨앗인지도 모르는 일이었다. 일연의 심사를 아는지 모르는지 사중의 일과는 아무런 소란이나 흐트러짐 없이 평소대로 흘러갔고, 오늘은 노부인이 삼칠일 기도를 마치고 떠나는 날이다.

  주지스님의 처소에서 물러나오는 그들 일행을 일연은 먼발치에서 훔쳐보듯이 바라보았다. 그 여인도 노부인의 뒤를 따라 나왔다. 그들은 바로 떠나지 않고 선방 쪽으로 발걸음을 옮겨갔다. 일연은 홀리듯이 멀찍이 떨어져 그 뒤를 따라 선방 쪽으로 향했다. 그때 선방 문이 열리며 일중 스님이 방에서 나왔다. 일중 스님은 일행을 자신의 처소로 안내하지 않고 선 채로 인사를 나누었다. 멀리서 보아도 서로 아쉬운 감정이 뚝뚝 흐르는 것이 느껴졌다. 일중 스님은 서둘러 방으로 들어가고 노부인 일행은 그 뒷모습을 한참을 바라보다 마당을 가로질러 일주문을 향해 걸어갔다. 일연은 그 멀어져가는 모습을 막연히 바라보다가

태연히 노부인을 맞는 일중 스님의 그 뻔뻔스러운 또 다른 모습에 마음의 갈피를 잡기 힘이 들었다. 삼칠일 동안 일중 스님은 저 여인과 얼마나 밀회를 나누었을까? 일중 스님 앞에서 수줍게 고개를 수그리고 있던 저 여인은 노부인을 속이고 또 얼마나 가증스럽게 일중 스님을 만났을까 생각하니 자신도 알 수 없는 분노 같은 것이 치밀어 오름을 느꼈다. 자신은 밤마다 그 여인을 데리고 고향인 장산으로 돌아가 함께 사는 꿈을 꾸었으면서 일중 스님의 일탈은 도저히 용서가 되지를 않았다. 그리고 그러한 사실을 알고 있는 이상 주지스님께 고해 올려야 한다고 마음으로 정했다. 일중 스님이 알면 화를 내고 자기를 문책하겠지만 그것은 앞으로 일중 스님의 일탈로 인해 사중에서 일어날 수 있는 불미스러운 일을 미리 막아야 한다는 이유를 만들었다. 그리고 대웅 스님은 제자들 중에서도 일중 스님을 제일로 아끼고 있음을 알고 있는 터라 이 일은 반드시 고해야 한다고 자기 자신에게 명분을 주었다.

　노부인의 일행이 일주문을 벗어나 가물가물 눈에서 완전히 사라지고 나서야 일연은 대웅 스님 처소로 향했다.

"스님, 일연입니다. 들어가도 되겠습니까?"

"들어오너라."

방문을 열고 들어가서 무릎을 꿇고 앉아 잠시 머뭇거렸다. 막상 말을 하려고 하니 처음 어떻게 시작해야 할지 난감해지기 시작했다. 내심 마음 깊숙이 삼칠일 동안 가슴을 요동치게 했던 그 여인에 대한 마음이 묻어 나올까 지레 겁이 나는 것도 있고, 자칫 잘못하면 고자질이 될 터이고 단도직입적으로 불쑥 말을 꺼내자니 스스로도 민망해질 것 같아 생각할수록 머리가 멍해져 왔다.

"그래, 준비는 잘 되어 가느냐?"

"예?"

"네가 이 방에 무엇하러 온 것이냐. 조금 있으면 상상과 시험이 있지 않더냐? 그걸 말하러 온 게 아니냐?"

"아, 예 그리고 일중 사형께서…"

"그래, 일중이가 시키는 대로 따르면 된다. 조모와 누이가 와 있는 동안은 저도 마음이 좀 어지러웠을 테지만 오늘 그분들이 돌아갔으니 이제 너를 좀 봐주라고 내 다시 일러둘 터이니 알겠느냐? 아무리 작정하고 죽을 각오로 불제자의 길을 걷겠다고 다짐한 놈이지만 어찌 혈육의 정에 있어 냉담해질 수 있겠느냐. 특히 누이는 일중이 많이 아끼는 동생 아니더냐."

"예? 예, 스님 잘 알겠습니다."

"딴 생각일랑 하지 말고 시험 잘 보거라. 내 너 시험 보고 오면 재미있는 이야기를 해주마."

대웅 스님은 아주 재미있다는 듯이 일연의 눈을 응시하며 다녀오면 재미있는 이야기를 해주겠다고 대화를 마무리했다. 일연은 도망치듯 대웅 스님 방을 물러나와 자신의 방에 들어가 문고리를 걸었다.

가슴이 방망이질을 하고 얼굴이 화끈화끈 달아올랐다. 노부인이 일중 사형의 할머니라고? 그리고 자신이 질투와 연민으로 삼칠일 동안 밤마다 마음으로 품었던 그 여인이 사형의 누이라고? 스스로 부끄러움 속에 들었지만 순간, 사형과 그 여인이 오누이 사이라는 사실에 어떤 안도와 기쁨이 밀려왔다. 이 무슨 망상인가. 스스로 자책하며 깊은 숨을 몰아쉬었다. 그리고 잠시 숨을 고르다가 조금 전 대웅 스님의 표정이 떠올랐다. 설마 대웅 스님께서 내 속을 훤히 보신 것을 아닐 터이지. 그로부터 그는 승가 고시를 보기 전까지 되도록 대웅 스님 눈에 띄지 않으려고 노력하였으며, 일중 사형에게는 더욱 예를 표하여 지도를 받았다.

　시간이 어떻게 흘렀는지 해가 바뀌었고 일연은 상상과에 합격을 하고 다시 일상으로 돌아와 있었다. 상상과를 통과했으니 이제 운수행각을 떠나도 될 터이다. 이곳 진전사는 선문구산(禪門九山)의 효시가 되었던 가지산파(迦智山派)의 초조(初祖) 도의국사(道義國師)가 창건한 사찰이니 선교의 발현지이고, 선문의 초조라 할 수 있는 도의국사의 영령이 머무는 곳이다. 또 선방의 교풍은 살벌하리만치 치열하여 공부에는 더 없이 맞춤인 곳이다. 하지만 일연은 선뜻 선방에 들기를 주저하고 있었다. 솔직히 말하면 잠시 이곳을 벗어나고 싶은 것이다.

　상상과를 치르고 진전사에 도착했을 때 대웅 스님과 일중 사형은 참으로 온대하게 자신을 맞아주었다. 그날 밤 은사인 대웅 장로는 제자인 일중과 일연을 당신의 방으로 불러 아끼던 차 통을 꺼내서 차를 직접 달여서 내어 놓았다. 그러면서 그는 아주 신이 나는 표정으로 이야기를 시작했다.

"여기서 멀지 않은 곳에 낙산사가 있는데 그 낙산사에는 전해오는 이야기가 하나 있다. 머리 깎고 승가 식구가 되었으나 마음에 마장이 들 때에 한 번쯤 새겨서 볼 만한 이야기이니 오늘 한번 들어보게나. 어쩌면 이 이야기를 듣고 나면 한 생각에서 벗어날 수도 있겠구나."

"예, 스님."

"예, 말씀해주십시오."

일중과 일연은 찻잔을 입에 갖다 대다가 멈추고 동시에 대답을 했다.

"낙산사는 의상대사가 관음의 진신이 바닷가 동굴 속에 머물고 있다는 말을 듣고 이름을 낙산이라 하였다고 하는 곳이다. 그것은 아마 서역에 있는 관음보살이 산다는 보타락가산(寶陀洛伽山)에 연유한 것 때문이리라. 아무튼 의상대사께서 그곳에서 기도하다가 관음의 진신을 친견하고 그곳에 금당을 짓고 불상을 모시고 그 절 이름을 낙산사라 하였다. 이야기는 지금부터이니 잘 들어보거라."

은사는 두 제자를 앞에 두고 아주 싱글벙글이었다.

"옛날 신라 때에 서울에 있었던 세달사(世達寺)의 장원이 명주 날리군에 있었는데 본사에서 승려 조신에게 그곳의 장원 관리를 맡겼다. 조신은 장원에 와서 지내면서 태수 김흔의 딸을 흠모하게 되었다. 그래서 여러 번 낙산사의 관음보살 앞에 나아가 남몰래 인연을 맺게 해달라고 기도를 하였단다. 그런데 몇 년 후 그 여인에게 배필이 생겼다는 소식을 들은 조신은 관음보살 앞에 나아가 자신의 기도를 들어주지 않는다고 원망하며 울다가 깜빡 잠이 들었는데 갑자기 태수의 딸이 기쁜 모습으로 방문을 열고 들어와서는 하는 말이 '저는 일찍이 스님을 사모하여 한시도 잊은 적이 없는데 부모의 명을 어길 수 없어 억지로 다른 사람의 아내가 되었지만 이제 죽어도 한 무덤에 묻히고 싶어 찾아왔다.'는 것 아닌가. 조신은 너무나도 기쁜 나머지 뒤도 돌아보지 않고 그 여인의 손을 잡고 그 자리를 빠져 나와 함께 고향으로 돌아가 40여 년을 같이 살면서 자식 다섯을 두었다.

그러나 집이라고 흙벽으로 겨우 바람만 피할 뿐이고 끼니라곤 콩잎이나 명아주 죽으로 연명하는 살림살이를 벗어나지를 못했다. 조신은 어쩔 수 없이 가족을 이끌고 사방으로 떠돌며 빌어먹게 되었는데 10년이 지나도록 그 빌어먹는 생활을 벗어나지 못하고 있었다. 그러니 자식의 배를 채워주지 못하고 남의 집 처마 밑에서 이슬을 피하며 여기저기 떠돌아다니는 고난은 이루 말할 수 없는 괴로움이었다. 사방을 떠돌아다니다 가령 혜현령을 지날 때 큰아이가 굶주려 죽게 되었다. 조신은 통곡하며 아이를 길섶에 묻어주고 띠풀을 엮어 지은 오두막에 남은 자식들과 머물렀다.

그러한 생활에 지치고 자식들에 대한 애달픔에 눈물을 흘리던 부인이 어느 날 눈물을 씻고는 정색을 하며 말문을 열었다. 그 말인 즉, 처음 자기가 집을 뛰쳐나와 승려인 조신을 만났을 때에는 꽃다운 나이에 귀골선풍을 갖추고 있어 보고만 있어도 배부르고, 한 가지 음식을 나누어 먹어도 맛이 나고, 한 조각 천으로 옷을 기워 함께 사용해도 행복하였는데, 풍찬노숙 긴 세월을 자식들을 이끌고 이집 저집 빌어먹고 다니는 부끄러움은 산과 같이 무거운데 어느 결에 사랑을 틔워 부부의 정을 나누고 가정의 화목을 지키겠느냐. 그러니 당신은 나 때문에 근심이 쌓이고 나는 당신 때문에 근심이 많아졌다. 곰곰이 생각해보니 옛날의 그 기쁨도 근심의 시작이었다. 그동안 함께 산 세월이 50년이니 그 인연의 귀중함은 알겠으나 만나고 헤어지는 것도 운명이 있을 테니 이쯤에서 헤어지자고 했다는구나.

　조신도 내심 같은 생각에 들어 있던 터라 속으로 기뻐하며 부인과 이별을 하고 길을 가는데 딩~ 하는 소리가 들려 정신을 차리고 보니 자신은 아직도 낙산사 법당에 엎드리고 있었다는구나. 고개를 들어 보니 아까 켜둔 황초는 손가락 한 마디도 못 태우고 흔들리고 있고, 낙산사 저녁 타종 소리는 아직 끝나지도 않고 있었다. 그는 찰나의 순간에 100년을 살고 나온 것처럼 아침이 되자 머리가 하얗게 세어 있었다. 그 후 조신은 순간의 꿈에서 인생의 오욕은 부질없는 것임을 깨달았고, 부끄러운 마음으로 관음보살께 절을 하고 서울로 돌아오는 길에 혜현으로 가서 꿈에서 아이를 파묻었던 곳을 파보니 돌미륵이 나왔다고 한다. 그 미륵을 가까운 절에 모셔두고 본사에 돌아와 장원을 관리하는 직책을 반납하고 전 재산을 정리하여 정토사(淨土寺)를 짓고 수행하였다고 하는 이야기가 전해온다. 어떠냐? 너희가 조신이 되지 말라는 법도 없으니, 재미 삼아 노장이 한소리 해본 것이다."

대웅 스님은 다관의 차가 몇 차례 바뀌는 동안 아주 본인이 직접 목격이라도 한 것처럼 맛깔나게 이야기를 끝냈다. 그리고 덧붙여서 일중은 수차례 가보았을 것이고, 일연 자네도 언제 참이 나면 그 옛날 신라 때 조신 스님이 깨달음을 얻었다는 낙산사 관음보살님을 한번 만나고 와도 좋겠다며, 그 이야기가 지어낸 것이 아님을 강조하며 아주 드물게 있는 다담을 끝내셨다. 대웅 스님의 처소에서 물러나 자신의 방으로 발걸음을 옮기다가 일연은 사형에게 물어 보았다.

"스님, 스님께서도 옛날 조신 스님이 정말로 계셨다고 믿으시나요?"
"왜? 어른스님께서 이야기를 지어 내었을까 봐. 무엇 때문에?"

일중은 볼에 기다랗게 볼우물이 만들어지는 특유의 미소를 보이며 되물었다. 일중 스님이 저렇게 웃을 때는 정말 남자인 일연이 봐도 형언할 수 없게 아름답다. 아마 누이의 그 선녀 같은 얼굴도 일중 스님과의 피를 나눈 사이이니 당연한 것이리라. 일연이 이 와중에도 잠시 떠오르는 그 여인에 마음을 주고 있을 때 일중 스님의 다음 말이 이어졌다.

"은사께서 말씀하지 않았느냐. 너나 나나 다 조신 스님이 되지 말란 법이 없다고. 조신은 과거에도 있었고 현재에도 있고, 미래에도 있지 않겠나. 낙산사의 조신은 잊고, 정토사의 조신 스님을 생각하시게."

일연은 그렇게 말하는 사형이 너무도 멋져 보였다. 일중 스님은 손을 들어 일연의 어깨를 툭 한번 치고는 어서 방으로 들어가라는 눈짓을 하였다. 일연은 사형에게 합장하고 방으로 들어 왔다. 대웅 스님과 사형인 일중 스님, 일중 스님을 뇌이면 반드시 따라오는 일중 스님의 누이. 마주 본 적도 없고 말 한마디 나눈 적도 없으며, 먼발치에서 서너 번 훔쳐보듯 본 것이 전부인데 당최 그 얼굴과 그 모습이 눈에서 가슴에서 떠나지를 않으니 자신도 참으로 난감하고 미칠 지경이었다.

산중의 겨울은 고요해서 무섭다. 일연은 오지 않는 잠을 애써 청하지 않고 책상에 앉아 지필묵을 꺼냈다. 그리고 아까 대웅 스님께서 들려주신 조신의 이야기를 써내려가기 시작했다. 그 이야기를 써내려가면서 조신과 그 여인이 떠돌았을 때의 궁벽함을 자신의 상상을 더해 보태기도 하였다. 그리고 자신을 곰곰이 되돌아보았다. 그리고 대웅 스님이 던져 주셨던 그 누구도 조신이 되지 말라는 법이 없다는 말과 일중 스님의 너도 나도 조신일 수 있고, 과거도 현재도 미래도 조신은 존재한다는 말을 다시 새겨 보았다. 그런 것이다. 어찌 조신의 꿈만 그러하겠는가? 지금 모든 사람이 인간 세상의 즐거움을 알아 기뻐하면서 애를 쓰지만 다 깨닫지 못할 뿐인 것을.

일연은 조신의 이야기를 다 쓰고는 그 아래 자신의 소회를 노래로 지어 적어 넣었다.

> 즐거운 시간은 잠시 뿐 마음은 어느새 시들어
> 남모르는 근심 속에 젊던 얼굴 다 늙었네.
> 다시는 좁쌀 밥 익기를 기다리지 말지니
> 바야흐로 힘든 삶 한순간의 꿈인 걸 깨달았네.

몸을 닦을지 말지는 먼저 뜻을 성실하게 해야 하거늘
홀아비는 미인을 꿈꾸고 도적은 장물을 꿈꾸네.
어찌 가을날 맑은 밤에 꿈을 꾸어
눈을 감아 청량의 세계에 이르는가.

  이 노래는 지난날 보았던 그 여인 즉, 일중 스님의 누이를 두고 일어나는 자신의 마음을 경책하는 다짐이기도 하였다. 붓을 놓고 흔들리며 타오르는 등잔을 응시하다 훅, 날숨으로 등잔불을 끄고 그는 방문을 열고 나왔던 것이다.
  긴 상념에서 빠져 나와 주위를 살펴보았다. 동쪽 하늘가가 푸르게 밝아오고 있었다. 자신이 돌고 돌았던 발자국은 어느 하나 온전하지 않고 서로 새기고 지우며 둥근 테가 되어 있었다. 장산에서 가녀린 여인 손에 이끌려 무량사까지 무량사에서 무정의 두텁고 따뜻한 손에 이끌려 이곳 진전사까지. 생각하면 찰나이고 영원인 13년. 나는 이곳 진전사에서 은사를 모셨고, 언제나 곁에 서 있어 주는 사형을 두었다. 이제 어디가나 절집에 들면 밥은 빌지 않아도 될 만큼 상상과도 치렀고, 또 자랐다. 그는 자신이 밤새 돌았던 자리를 보았다. 흰 눈 속에 둥근 테 하나가 새겨져 있었다. 내가 나를 지운 발자국으로 둥근 테 하나 얻어서 가는구나. 그는 속으로 뇌이었다.
  며칠 후 겨울은 지나고 떠나라는 대웅 스님의 말씀을 뒤로하고 일연은 가지선문의 발현지이며, 가지산문 초조인 도의국사의 영령이 서려 있는 진전사 산문을 빠져 나왔다. 어제까지 눈앞에 아른거리던 그 여인의 향기는 진전사 관음전 처마에 매달린 풍경 속에 넣어 두었다. 아마 바람 따라 자유롭게 퍼져나갈 것이다. 이제야 그는 진정으로 출가인(出家人)이 되었다.

포산에 들다

　동해를 옆에 끼고 남쪽으로 내려오며 운수행각으로 겨울을 났다. 오면서 군데군데 사연이야 있었지만 그런 것은 애초에 없었던 일인 양 연기처럼 마음에서 사라지고 진전사를 떠난 일이 어제같이 새롭다. 눈을 들어보니 저 앞으로 포산의 능선이 보인다. 사실 처음 진전사를 떠날 때에는 이렇게 먼 곳까지 오리라고는 생각하지 않았다.

　설악산만 벗어나서 어찌 해볼 생각이었다. 경상도 지역까지 내려가는 일은 예초에 생각조차도 하지 않았으며 세상 구경이나 좀 하다가 적당할 때 진전사로 다시 돌아갈 생각이었다. 진전사를 잠시 벗어나고자 한 것은 남몰래 혼자 가슴속에서만 불었던 춘풍이 또 불어올까 두렵기도 했다. 혹시라도 조신의 그 꿈이 일연 자신의 현실이 될까봐 무서웠던 것이다. 꼭 진전사로 다시 가지 않더라도 진전사 지근거리 적당한 곳이 있으면 깃을 접고 앉을 생각이었다. 상상과를 치렀으니 어느 법당에 들더라도 밥값은 할 수 있었다. 또 은사이신 대웅 장로의 이름을 빌리면 어디서 문전박대는 당하지 않을 것을 알았기에 진전사에서의 출행을 감행할 수도 있었던 것이다.

그러나 엄동에 설악산 계곡을 벗어나 동해 바다가 보이는 곳에 닿고 보니 망망대해의 확 트인 검푸른 물빛은 끝이 보이지 않게 세상으로 나아가고 있었다. 난생처음 보는 광경이었고 자신도 모르게 가슴속으로 시원한 한줄기 바람이 흘렀다. 그 물빛을 끼고 오다 오다 보니 어느덧 경주 땅 감은사에 닿았다.

감은사는 신라의 신문왕이 부왕을 위하여 지었다는 절이 아닌가. 왕실 주도의 가람답게 그 사세도 웅장하고 특히나 동서로 웅장하고 기품 있게 턱 버티고 있는 석탑의 위용은 가람 전체를 꽉 잡고 있는 호법신장 같았다. 본 적은 없지만 신라 사내의 기백이 저러하지 않았을까? 라는 생각을 했다. 지난 우리 민족이 삼국으로 갈라져 있을 때 삼국을 통일했고, 나라의 안위가 걱정이 되어 죽어서 용으로 환생하여 왜적으로부터 동해 바다를 지킨다는 문무왕과 선왕인 그 왕을 위하여 이곳에 절을 지어놓고 용이 된 아버지가 들어와서 쉴 수 있도록 금당 아래 물길을 틔어 놓고 감은사(感恩寺)라 이름 하였다는 절. 그렇게 세워진 절은 여전히 동해를 바라보고 왜적을 막으며 오백 년을 내려오고 있으니 부처님의 여법함을 새삼 느끼게 되었다.

그곳에서 하룻밤을 유숙할 때 잠자리를 함께한 객승을 만났다. 그가 떠나온 곳을 물으니 포산에서 머물다 운수행각을 나섰노라고 했다. 그러면서 그는 포산에 대한 이야기를 늘어놓았다. 포산에는 신라 때에 창건된 대견사(大見寺)라는 절이 있다. 그 절은 당나라 문종(文宗)과도 관계가 있다. 문종이 얼굴을 씻으려고 대야에 물을 떠 오자 물에 비경이 나타났다고 한다. 문종이 신기하게 여기고 물에 비친 곳과 똑같은 곳을 수소문하니 지금 대견사가 있는 곳이었다. 그래서 그곳에 절을 세우고 절 이름을 대견사라고 했다는 이야기를 해주었다. 또 누구라도 들어가 기도수행하면 득도를 할 수 있는 도성암이라는 바위굴과 서로 생각하는 마음이 초목을 감응시켰다는 두 성인 관기와 도성이 살았던 곳이 포산이라는 이야기를 들려주었다. 갑자기 포산이라는 말이 가슴에 꽂혔다.

"스님께서 도성암에서 수행을 하셨는지요?"

일연이 이미 포산을 가슴에 새기고 물어보았을 때 그는 껄껄껄 웃더니 "젊은 스님께서 득도가 급하시오?"

하고 물었다. 일연의 잠시 머쓱하여 "아직 공부가 짧습니다."

하고는 마음속으로 포산으로 들어가야겠다고 다짐을 했다. 위치를 물어보니 고향 장산과도 그리 먼 곳은 아닌 듯하였다. 그렇게 해서 일연은 지금 달구벌 서쪽을 지나 현풍현으로 들어서고 있는 것이다. 해는 벌써 중천을 넘어 서녘 하늘로 내달리고 있었다.

구룡산을 넘어 오는 길은 장산을 거치는 길이다. 아무리 어릴 적의 기억이라도 태를 묻었던 고향마을은 길을 꺾어 들어가면 될 것임을 알아보았으나 애써 내친 길을 내달았다. 운수납자의 행색이라 혹여나 어머니를 만나면 이 몰골을 보고 어찌 생각하실까 그 점이 염려되기도 하였다. 아니라고 하면서도 내심 의심의 꼬리가 잡혀 있던 어머니의 부재가 두렵기도 하였다. 그립고 애달픈 마음을 누르며 걸음을 빨리 하였다. 몸에 앞서 눈이 먼저 맞는 포산의 능선은 붉게 타고 있었다. 바야흐로 진달래가 만발하는 춘삼월이 돌아온 것이다. 저 꼭대기에 올라서면 장산 쪽을 먼저 바라보리라. 잊겠다고 다짐했지만 일연은 장산을 아직 품고 있었다.

바람은 벌써 춘풍을 지나 땅을 부추기고 있는지 자신이 걷고 있는 들판 길은 한층 부드러워 걸음이 쉬 내디뎌졌다. 또한 저녁이 가까워 오는데도 공기는 부드러워 코를 벌름이며 깊은 숨을 들이쉬며 발걸음을 재촉했다.

포산에는 이 땅이 신라였을 때인 수백 년 전부터 산 곳곳에 사찰을 많이 지었다고 들었다. 그 사찰들은 세세만년(歲歲萬年) 지금까지 잘 갈무리되어 오늘날 일연 자신도 찾아든다고 생각하니 새삼 불교의 여법함이 가슴에 차오른다. 여기까지 오는 동안 하룻밤 혹은 여러 날을 유숙하였던 그 많은 사찰들도 대부분 그 시대에 지어졌던 것인데 여전히 왕실은 물론 고관대작에서부터 숯쟁이까지 집안의 안위와 발복의 귀의처로 삼는 것을 보면 부처님의 오묘한 원력이 그저 경이롭고 광대하다.

자신이 의탁할 곳은 정하지 않고 무조건 산속으로 들어갔다. 밖에서 보면 그저 울울창창한 한 덩어리의 산인데 숲 안으로 드니 사람이 다니는 길도 있고, 물줄기처럼 이어진 바위 너덜도 있고, 군데군데 작은 돌탑도 보였다. 이 산을 오고 간 수많은 이들이 무슨 간절한 마음을 얹었는지 제각각 다른 모양의 돌멩이들은 서로서로 귀를 맞추어가며 탑 모양으로 올라가고 있었다. 일연도 잠시 멈추어서 주위 낙엽을 헤치고 작은 돌 하나를 찾아 그 위에 올려놓고 합장을 하고 고개를 숙였다. 포산에 들어 첫 인사를 한 셈이다. 그 길로 한참을 걸어가니 저 앞에 소담한 일주문이 보였다. 우선 반가웠다. 가까이 다가가니 '포산 소재사(包山 消災寺)'라는 현판이 보였다. 들어가서 참배를 마치고 법당 문을 나서며 인기척을 찾았다.

"스님, 어디서 오셨습니까?"

일연이 고개를 돌려 주위를 둘러보기도 전에 언제 왔는지 법당 아래 동자승 하나가 의아한 눈빛을 하고 올려다보며 물었다.

"주지스님을 좀 뵙고자 한다만, 지금 계시는가?"

일연은 겨우 예닐곱 살이나 될까 말까한 어린 동자지만 먹물 옷을 입고 머리를 깎은 채 그 고사리 같은 손을 가슴에 모으고 예를 다하는 모습이 대견하기도 하고 안쓰럽기도 해서 하대를 하지 않고 자신도 합장을 하면서 눈을 맞추었다.

"저를 따라오십시오."

동자승은 배시시 웃는 얼굴을 하고 종종걸음으로 앞서갔다. 잠시 그 뒷모습을 보면서 저 아이를 여기 두고 떠난 여인은 어떤 사람일까? 쓸데없는 상념이 불쑥 일어나 몹쓸 것을 본 것처럼 세차게 머리를 흔들었다. 법당을 왼편으로 해서 뒤쪽으로 조금 들어가니 역시나 소담한 전각이 보이고 동자승은 그 앞에 멈춰 서더니 일연을 돌아보며 여기라는 눈빛을 잠시 보내고는 곧바로 방문을 행해 아뢰었다.

"스님, 큰스님, 스님이 오셨습니다."

얼른 들으면 피식 웃음이 나는 말 전달이기도 하지만 그 동자승으로서는 최대한의 말 문장인 셈이다. 아니나 다를까

"이놈, 어떤 스님이 왔다는 말이냐?"

하는 카랑하고도 묵직한 목소리가 안에서 흘러났다.

"모르겠습니다. 법당에서 만났는데 처음 보는 스님입니다. 주지스님 찾아뵙고 싶다고 해서 제가 모셔왔습니다요."

방문이 열리며 몸에 선풍이 흐르는 노장이 나왔다. 일연은 얼른 예를 올리며,

"소승 스님을 뵙고자합니다."

말하며 답을 기다렸다.

그러자 그 노장은 동자승에게는 잘했다는 칭찬의 말과 함께 법당 문이 잘 닫혀 있는지 혹시라도 상단에 초나 향이 타고 있지나 않은지 다시 살펴보고 오라고 일렀고, 일연을 향해서는 들어오라고 하고는 먼저 방안으로 들어갔다.

이 방의 주인은 간소하고 단정한 성품인 것 같았다. 일연은 우선 삼배를 올려 다시 예를 표하고 자신은 강원도 설악산에 있는 진전사에서 출가한 납자이며, 어떠한 연유와 어떠한 다짐으로 이곳 포산으로 왔는지를 말씀드렸다. 그 말 속에는 아직 자신은 갈 곳이 정해지거나 자신을 맞아줄 곳이 없다는 것과, 그럼에도 자신은 여기 포산에서 수행을

하고 싶다는 뜻이 들어 있었다. 일연의 말을 잠자코 듣고 있던 노장은 그사이 다관에 차를 우려 일연 앞에 내어 놓으며, 이곳 포산에 오르며 다른 절에도 들러 보았는지 물었다. 일연이 들어오는 첫걸음이 이곳 소재사였다고 말하자 그는 오늘은 여기서 유숙하고 천천히 둘러보다가 거처를 찾아보라고 했다. 덧붙여서 이곳은 조용히 자기 혼자 수행하는 터라 살림도 빈약하고 객승을 들이고 접대를 할 만한 형편이 되지를 않으니 안타깝다고도 했다.

"스님, 말씀 잘 알아들었습니다. 지나는 객인 소승을 이렇게 맞이하여 하루 머물게 해주신 것만으로도 깊이 감사합니다."

일연은 진심이었다. 포산에 들어와 처음 찾는 곳이기도 하고 소담하고 고즈넉한 분위기를 가진 이곳에서 머물 수 있다면 더 없이 좋은 일이나 애초에 풍찬노숙을 각오하고 떠난 길이고, 아직 또 어떤 곳이 자신을 받아줄지 모르는 일이니 그리 조급할 것도 두려울 것도 없었다. 오늘 하루 이곳에서 잠잘 수 있게 해준 것만으로도 참으로 고마운 일이다.

"젊은 스님이 하고 많은 전국의 명산과 명찰을 다 놔두고 어찌 여기로 수행처를 정한 것인가. 그 또한 인연이 있을 것인즉, 차 한 잔 더 하시게나."

그리고는 잠자리는 공양간에 일 보는 이가 있으니 찾아 봐달라고 하면 되고, 저녁 공양은 지났지만 혹시 요깃거리가 있을지 모르니 그것도 그에게 부탁해서 허기를 면하라고 덧붙여 주었다.

"감사합니다. 내일 새벽 예불에 뵙겠습니다."

"이곳 포산을 또 달리 소슬산(所瑟山)이라고도 부르지. 저 멀리서 이 산을 바라보면 신선이 거문고를 타고 있는 모습으로 보인다고 그렇게 이름하는지도 모르지만, 아무렇게나 그래도 이산의 이름이 모든 것을 다 감싼다는 포산이고, 또 내가 엉덩이 붙이고 앉은 이곳은 모든 재앙을 다 태워 소멸시킨다는 이름의 소재사이건만 어찌 오늘은 찾아온 손님의 근심 하나를 태우지 못하네 그려."

소재사 주지인 노장은 천 리 먼 곳인 강원도에서 여기까지 흘러온 젊은 수자를 거두어줄 수 없는 심사를 이렇게 말하여 면하려 하였다. 그러고 보니 산중은 어둠이 빨리 찾아온다. 아까 법당 아래에서 동자승을 만난 건 동자승이 그 고사리 같은 손으로 하루를 마감하는 법당의 문단속을 점검하러 온 것이었던 모양이다. 주지실에서 물러나와 공양간으로 짐작되는 곳으로 발걸음을 옮기며 법당을 쳐다보니 아까 들어가면서 보였던 꽃창살문은 이미 어둠 속에 잠겨 있었다. 그 동자승이 아마 문단속을 야무지게 하였나 보다.

일연이 포산에서 제일 사세가 크다는 대견사에 몸을 부린 건 소재사를 거쳐 유가사를 거친 다음 이틀 후였다. 소재사와 유가사와는 달리 산의 8부 능선부터 정상까지 자리 잡고 있는 대견사는 그 위세가 대단했다. 단단한 암석 위에 세워진 전각들은 화려한 단청으로 인해 도솔천 내원궁을 보았다면 바로 저런 광경이 아니었을까 할 정도로 장엄하고 아름다웠다. 특히나 절 뒤편 암석으로 이루어진 절벽 위에 서 있는 탑은 멀리 옛 신라의 서울인 경주 쪽을 바라보고 있다. 그 탑을 바라보고 있으면 하늘의 소리가 들리는 것 같았다. 어떤 날은 안개가 탑신의 반을 삼켜버리기도 하는데 그럴 때면 흡사 탑의 꼭대기는 하늘에 닿아 무슨 명을 받는 듯하였다. 안개가 그치고 나면 온몸이 축축하게 젖은 탑은 도솔천을 거닐고 온 형상이어서 저절로 그 앞에 무릎이 꿇어지는 것이다.

이곳 대견사에 몸을 의탁하고 밤낮으로 수행에 전념하였다. 대견사는 사세가 큰 만큼 객승 하나 거두는 일은 문제가 아니어서 작은 방 하나에 틀어박혀 오로지 자신을 닦는 일에 열중할 수 있었다. 그렇게 여러 해를 용맹 정진하였다. 그러다가 어느 날 해우소에 볼일을 보고서 나오다가 산 능성 전체가 붉게 타고 있는 담장 밖 풍경이 눈에 들어왔다. 그때서야 계절이 봄인 것을 자각했다. 그리고 몇 해가 흘렀는지 모르겠지만 그해 여기 포산에 처음 찾았을 때에도 저렇게 온 산이 타고 있었다는 것을 상기했다. 여기 몸을 부려놓고 지나는 동안 해우소 드나들기가 이번 한번이었을까. 그것뿐만이 아니라 끼니때마다 공양도 거르지 않았으니 공양시간 때마다 방 밖을 나섰을 것이며 때론 대중공사도 나가고, 새벽 예불도 빼먹은 적이 거의 없어 방 밖을 들락거린 것이 수천 번은 되었을 터인데 새삼 오늘에서야 담장 밖의 풍경이 눈에 들어온 것이다.

일연은 한참을 그 자리에 서 있다가 고개를 젖히고 하늘을 올려다보았다. 봄 햇살은 따가워 잠시 눈을 멀게 했다. 자기 속에 갇혀 있는 동안 무엇이 왔으며 무엇이 가고 또 무엇이 오고 있는가? 진전사에서 살얼음이 어리는 놋대야를 마주하고 머리를 깎던 때가 떠오른다. 은사이신 대웅 장로는 자연인 만물만상을 벗어나지 말고 그 만물과 일체가 되라고 자신의 이름을 일연으로 지어주셨다. 그런데 그동안 나는 철저히 자연을 내치고, 내 속에 나를 가두어 두려고 애를 쓰고 있었구나, 라는 생각에 미치자 초췌하고 남루한 자신의 몰골이 보였다.

일연은 방으로 들어가 보던 책을 덮어놓고 다시 나왔다. 대웅전 뒤를 돌아 산신각 옆으로 해서 이 산의 제일 꼭대기에 서 있는 탑을 보러 갈 참이었다. 이 산을 오르는 사람이면 반드시 보고 가는 탑이다. 산문을 나서서 탑까지 오르는 길이 있지만 일연은 산신각 옆길을 택했다. 이 길은 여기 대견사의 대중들만 아는 길로 어린 사미들이 탑 주위를 소제할 때나 재일에 공양물을 갖다놓을 때 다니는 길이기도 하다. 그리 번잡하게 다니는 길이 아니기에 여름이면 잡풀이나 나뭇가지를 헤치며 가야 한다. 하지만 혼자 고즈넉하게 걷기에는 또 다른 마력이 있는 길이기도 하다. 산길로 접어들기 전 산신각에 들러 참배를 했다. 산신각에는 이 산을 호위하는 정성천왕(靜聖天王)이 모셔져 있다.

이곳에 와서 들은 바로는 정성천왕은 일찍이 가섭 부처님 때에 부처님의 부탁을 받은 후 발원 맹세하였다고 한다. 그 발원이란 '이곳 포산에서 1,000명의 수도자가 출현하기를 기다려 그 남은 과보를 받겠습니다.'라는 것이었다. 정성천왕의 발원 후 이곳에는 아홉 성인이 출현하였다고 하는데 그들의 이름은 관기(觀機), 도성(道成), 반사(搬師), 첩사(師), 도의(道義), 자양(子陽), 성범(成梵), 금물녀(今勿女), 백우사(白牛師)이다. 하지만 그들 성인들에 대한 이야기는 남아 있지 않고 단지 관기와 도성에 대한 이야기와 반사와 첩사에 대한 이야기가 조금 구전으로 전해져 오고 있다고 들었다. 일연은 들어가서 탱화로 모셔져 있는 정성천왕을 바라보았다. 그리고 속으로 이렇게 물어 보았다. '천왕이시여, 이미 출현한 그 아홉 분의 성인과 아직 출현하지 않은 구백 한 분의 성인은 어디에 있습니까?' 그러나 탱화 속 정성천왕은 그저 빙그레 웃을 뿐이었다.

석탑은 발아래 화염같이 타오르는 진달래 꽃물결을 펼치며 서 있었다. 지금의 저 꽃물결은 머잖아 녹음을, 추색이 짙으면 홍엽으로 휘몰아치는 불꽃을 펼칠 것이다. 그리고 엄동에는 수정같이 맑고 맑은 상고대로 골골이 희게 빛날 것이다. 그랬다. 탑은 산 정상에 홀로 서서 몇 백 년을 견뎌오면서도 아득한 시간도 없고, 번잡한 오늘도 없이 그 자리 여여하게 서 있었다. 일연은 합장을 하고 탑돌이를 시작했다. 서서히 붉은 물결은 잠기고 앞산 능선 위로 별 하나가 반짝였다. 저녁 공양은 이미 끝이 났을 것이다. 그러나 시장기는 돌지 않았다. 일연은 서둘러 산길을 내려와 방에 들어와 등잔을 켰다. 그리고 아끼 보던 책은 선반에 올려두고 단정히 앉아 먹을 갈았다.

기록하여 두고 싶었다. 진전사에서 들었던 낙산사의 조신 이야기처럼 앞서간 이들이 수행했던 이야기를 기록하여 자신의 채찍으로 삼고 싶었다. 종이를 펼쳐 붓을 들었다.

옛 신라 시대에 이곳 포산에는 관기(觀機)와 도성(道成)이란 두 명의 스님이 살고 있었는데, 관기는 남쪽 고개에 암자를 짓고 살고 도성은 북쪽 굴속에 살고 있어 서로 10리쯤 떨어져 있었다. 이들은 서로가 서로의 마음에 닿아 그 마음이 지극하기 그지없었다. 도성이 관기를 부르려고 생각하면 산속의 나무가 모두 남쪽을 향해 구부러져 서로 맞이하는 형상을 하였으므로 관기가 그것을 보고 도성에게로 갔고, 관기가 도성을 맞이하려는 마음을 일으키면 산속의 나무들 역시 북쪽을 향해 구부러지므로 도성도 관기에게 가게 되었다. 그들이 이렇게 하기를 몇 년이나 되었다. 도성은 늘 그가 살고 있는 바위굴에 조용히 앉아 있었는데 어느 날 바위틈에서 몸이 솟구쳐 나와 온몸이 공중으로 올라가 간 곳이 없었는데, 관기도 그를 따라 죽었다.

사람들은 도성이 기거하던 바위를 이름을 따서 도성암이라 불렀는데 높이가 두어 길이나 되었는데, 후세 사람들은 그 아래 절을 세웠다고 한다. 태평흥국 7년에 승려 성범(成梵)이 만일미타도장(萬一彌陀道場)을 열고 산에서 향나무를 가져와 잘게 쪼개어 발에 널어 두었는데 밤이면 촛불처럼 빛났다. 사람들은 그것이 이 두성인의 영감이라고 믿었다.

또 반사와 첩사로 불린 두 승려는 오랫동안 숨어 살며 인간 세상과 사귀지 않고 나뭇잎을 엮어 옷을 만들어 입었는데 추위와 더위를 이겨내고 습기를 피하며 몸을 가릴 뿐이었다. 반(機)은 우리말로 피나무를 말하고, 첩은 갈나무를 말하는데 사람들은 그들이 피나무와 갈나무로 옷을 입었다고 하여 나무 이름을 따서 반사와 첩사라는 호를 부쳤다고 한다.

이렇게 포산에 출현했던 성인들의 청빈 탁마한 이야기를 적어놓고 보니 일연은 그들을 기리는 마음에 시심이 솟았다. 내친김에 그는 붓을 들어 그 마음을 글로 써내려갔다.

    달빛을 밟고 서로 찾아 구름과 계곡물을 희롱하던
    두 늙은 스님의 풍류 그 몇 백 년이었는가.
    안개구름 가득한 골짜기엔 고목만 남아 있고
    흔들리는 나무 그림자는 아직도 서로 맞이하는 듯하다.

관기와 도성 두 성인이 살았던 그때의 그 나무들은 고목이 되었을 것이다. 하지만 한겨울처럼 앙상하고 메마른 가지이지만 이 봄날 바람에 흔들리는 가지를 보니 아직도 두성사는 이곳에 있어 서로를 맞이하는 것 같았다. 아마 그럴 것이라고 믿고 싶었다.

일연은 반사와 첩사의 이름은 금강산에서도 전해졌다는 것을 알고 있었다. 그리고 보면 그들처럼 살아간다는 것은 큰 수행이며, 본받아야 하는 것임을 전하는 것인데, 일연은 스스로는 감히 본받기 어렵다는 것을 알고 있었다. 그래서 그는 반사와 첩사의 아름다운 덕을 함께 기록해 두고자 했다.

> 자색 도토리와 거친 황정으로 배를 채우고
> 몸을 가린 것은 나뭇잎이지 베가 아니다.
> 솔바람이 차갑게 부는 험한 바위산
> 해 저문 숲 아래로 나무꾼도 돌아가고.
> 밤 깊어 밝은 달빛 헤치며 달 보고 참선하니
> 반쯤 젖혀진 옷깃이 바람에 나부낀다.
> 부들자리 깔고 누워 곤한 잠이 드니
> 꿈속에라도 티끌 같은 세상에 얽매이지 않는다.
> 구름 놀다 떠나가는 두 암자는 허물어진 터엔
> 사슴만 제멋대로 뛰놀고 인적은 드물다.

일연은 희미한 등잔 아래서 써내려간, 아직 먹물이 마르지 않은 종이를 가만히 응시하였다. 종이 위에 쓰인 글자 속에서 관기와 도성, 반사와 첩사, 그리고 이곳에 머물다 간 수많은 스님들의 환영이 어룽거렸다. 출가 후 처음으로 내일이 기다려지는 밤을 맞았다.

비록 지붕은 흘러내리고 있었지만 흙벽은 아직도 단단히 제 골격을 지니고 있었다. 댓돌에 올라 구멍이 숭숭 뚫린 방문을 열어 보았다. 관솔불에 그을린 검은 벽면이 먼저 눈에 들어왔다. 이 방의 옛 주인은 관솔불 아래서 긴긴 밤들을 새웠던 모양이다. 그는 여기서 무엇을 얻었던 것일까? 하지만 누구인지 흔적은 남기지 않고 떠났고 빈집 혼자 낡아가고 있었다. 이제 주인 없는 한 칸 초막을 일연은 혼자 차지할 요량이었다.

스무날 전 즈음 그날 뜬금없이 이 포산에 깃들었던 성인들을 마음으로 만나고 나서 일연은 반사나 첩사의 흉내라도 내볼 각오로 포산 곳곳을 헤집고 다녔다. 처음엔 도성이 앉아 있었다는 도성암을 찾았으나 그곳은 이미 모든 이들의 기도 장소로 변해 있었다. 누군가 먼저 들어가 촛불을 켜고 앉으면 주인이었다. 일연이 그곳을 찾았을 때에도 뒷모습만 보아도 그 결기가 품어져 나오는 어느 선승이 좌선 중이었다. 딱 보기에도 그 자리를 뜰 기미는 전혀 없어보였다. 일연은 조용히 합장 삼배를 올리고 물러날 수밖에 없었다. 그렇게 몇 날을 여기저기 골짝 골짝을 쏘다니다가 지금 이 초막을 발견한 것이다. 그것은 행운이었다. 그 행운은 지극하고 간절한 마음을 부처님께서 헤아려주신 것이라고 믿고 있다.

대견사에서 서북쪽으로 한참을 내려가서 갈참나무가 우거진 곳에서 조금 벗어나 우뚝 솟은 바위 아래 지어놓은 초막 한 칸, 생각건대 수년 전에 누가 머물다 간 곳일 것이다. 지붕이 삭고, 문살이 뜯겨나가긴 했지만 일연은 이곳에 자신이 기거할 수 있도록 최소한의 손질을 한 다음 방문 앞에 편액을 하나 걸었다. 주위에 흩어져 있는 갈참나무를 잘라 어설프지만 각을 떠서 만들어 달았다. 그는 이 초막의 이름을 무주암(無主庵)이라고 적었다.

주인이 없다는 것은 모두가 주인이라는 말과 상통하는 것이니 이곳이 그런 곳이길 바랐다. 내가 이곳의 주인이며, 만물이 이곳의 주인이기를 바라며 초막의 이름을 지은 것이다.

부질없이 봄비가 사흘 내내 내렸다. 비가 그치자 화염같이 휩싸였던 산 능선이 서서히 초록으로 물들고 있었다. 일연은 간단하게 봇짐을 챙기고는 그동안 손질하여 사람이 기거하는 꼴을 갖춘 초막을 나섰다. 나서면서 방문은 나뭇가지로 채워 두었다. 이름은 무주암이라 지어놓고 이곳에 주인이 있다는 표식을 나름 해둔 것이다. 일연이 오늘 애써 외면하고 있던 옛 인연을 다시 찾아나서는 것은 무주암에서의 첫날밤에 일어난 일 때문이다.

그가 초막을 발견하고 자신의 수행처로 삼겠다고 대견사 어른스님께 말씀드려 도움을 받은 다음 제법 사람이 기거할 수 있는 꼴을 갖춘 뒤 초막에서 첫날밤을 맞았다. 벽에 세워둔 관솔불을 끄고 잠을 청했으나 쉽게 잠들지 못하고 한참을 뒤척일 때, 방문 밖에서 인기척이 들렸다. 무서움증이 확 올라왔으나 내가 주인이고 또 모두가 주인이니 다 부처님 관장 아래임을 믿으려 애썼다. 그리고 올라오는 무섬증을 누르고 방문을 열어보았다.

밖은 대낮처럼 환했고, 환한 빛 속에 누가 서 있었다. 그 사람은 말로만 듣던 천의(天衣)를 걸치고 있었는데, 고요하여 바람 한 점 없는데도 옷자락을 나부끼며 서 있었다. 흡사 발이 없는 사람처럼 한 뼘이나 허공에 떠 있는 것처럼 보였다. 꿈인지 생시인지, 귀신인지 사람인지

몽롱한 상태에서 끌리듯 그 사람 앞으로 다가갔다. 가까이 다가가서 보니 머리에 보관을 쓰고 오른손에 칼을 높이 치켜들고 왼손에는 푸른 연꽃을 들고 있었다. 비몽사몽 중에도 의심 없이 불보살임을 알아 그 앞에 엎디었다.

"너는 어찌하여 이곳에 머무느냐?"

그 목소리는 이 세상의 목소리가 아니었다. 위엄하였으나 감미롭고, 아득한 것 같으나 귓전에서 들렸다.

"수행하고자 이곳에 왔습니다."

감히 고개를 들고 바라볼 엄두가 나지 않아 고개를 수그리고 다소곳이 묻는 말에 답을 했다.

"수행이 무엇이냐?"

"닦는 것입니다."

"무엇을 닦으려고 하느냐?"

"세욕에 물든 마음을 닦으려고 합니다."

"그러하냐? 그럼 네 마음을 물들이고 있는 것이 무엇이더냐?"

"……"

"그것부터 찾아오너라."

이제부터 여기 이 초막에서 정진하며 찾아보겠다는 답을 하려고 고개를 드니 눈앞에서 자신에게 물음을 주던 존재는 흔적도 없이 사라지고 없었다. 그리고 분명 방문을 열고 나와 불보살이라고 믿는 존재 앞에 엎드리고 있었던 자신은 잠자리에 그대로 누운 채로 눈을 멀뚱거리고 있었다. 얼른 일어나 방문을 열어젖히고 밖을 살펴보니 주위는 칠흑과 같은 어둠뿐이고, 생기 충만한 나무들이 바람도 없이 뒤척이는 소리가 푸시시 하고 날 뿐이었다. 일연은 불보살님이 자신을 찾은 것이라 생각하고 자리를 정리하고 일어나 단정히 앉아 밖을 향해 삼배를 올렸다.

아침 동이 틀 때까지 일연은 자신의 마음에 물들어 있는 것이 무엇인지 찾으려고 애를 썼다. 그리고 경전을 펼치지 않고 고요히 앉아 무념의 상태에 들려고 노력해 보았다. 그렇게 몇 날을 다른 모든 생각을 접고 오로지 자신의 마음을 물들이고 있는 것이 무엇인지 찾으려고 용을 썼다. 하지만 생각하지 않겠다고 생각하는 순간 그동안 생각하지 않았던 것들이 튀어 나왔다. 어린 시절 무량사에서의 일들이 어제 일 같이 떠오르고 무정 스님의 꿈틀거리는 검은 눈썹과 계정 스님의 희고 따뜻한 손길과 그윽한 눈길이 눈앞에 나타나는 것이다.

그 눈길을 쫓아가면 무량사를 휘돌아 마을로 가는 길섶에 무더기로 피어났던 구절초 있고, 그 풍경을 애써 지우면 진전사, 대웅 장로의 눈을 피해 무조건 감싸주던 사형 일중 스님이 나타나고, 자신이 떠나던 날 그 듬직한 손으로 자신의 어깨를 툭 치며, 좋은 날 보세라며 흔쾌히 보내주던 사형, 봇짐 속에 슬쩍 여비도 챙겨 넣어 놓았던 사형, 그리고 그 사형에 대한 상념을 끝낼라치면 그날 분 냄새 풍기며 홀연히 자신의 마음속에 들어왔다 어설프게 떠나보낸 선녀 같은 그 여인, 그 여인의 환영 끝에는 어김없이 아프게 나타나는 한 사람, 그날 그 아침

그렁그렁 눈에 눈물을 달고 뒤돌아 보며보며 무량사 산문을 내려가던 어머니가 나타났다. 세차게 머리를 흔들면 다시 차례차례 사라지는 진전사와 그 풍경들, 그리고 무량사와 그 풍경들 그러나 결국 아무리 애를 써도 사라지지 않은 상념하나 있으니 바로 어머니였다.

꿈인 듯 생시인 듯 다녀가신 불보살님께서 자신에게 던진 물음의 답을 찾은 듯하였다. 일연은 자신의 마음을 물들이고 있는 것은 어머니라는 사실을 인정하지 않을 수 없었다. 그것을 닦으려면 실체를 봐야 할 것 같았다. 지금까지 품고 있는 의심이며, 애욕의 하나인 어머니는 진정 나를 버렸는가? 그리고 까맣게 잊으셨는가? 그 물음의 답을 찾고 싶은 마음이 있다는 것을 비로소 알게 되었다. 어머니를 만날 생각을 하고 오늘 길을 나서는 것이다.

대견사 대웅보전에 들러 참배를 마치고, 산신각에 올라가 참배를 하고 나왔다. 아침 햇살은 이제 막 산신각 풍경 끝에 매달리는 중이었다. 봄날의 해는 길다. 지금부터 가면 오늘 밤 안에는 도착할 것이다. 일연은 먹먹하게 저려오는 가슴을 안고 발걸음을 재촉해서 산을 내달았다. 사람들이 다니며 만들어놓은 오솔길을 두고 숲을 헤쳐 길을 만들면서 산 아래쪽을 향했다. 두드리면 붉소리가 나는 비위 너덜이 나오는 것을 보니 산 아래 유가사가 가까워진 것을 가늠했다. 유가사에 들어 법당은 들르지 않고 물 한 모금을 얻어 마시고는 돌아서 나왔다. 얼마나 걸었을까. 눈앞에 들판이 보였다.

이제 포산을 벗어난 셈이다. 여기서부터는 마을을 따라 길을 걸었다. 그렇게 또 쉼 없이 걷다 보니 해가 중천을 가르고 있었다. 잠시 시장기를 느꼈으나 어디 들어가 탁발할 마음은 접었다. 산중에서야 그래도 어떻게든 끼니 거르는 일은 없지만, 잦은 외침과 연이은 흉년으로 나라나 백성이나 다 곤궁하다는 건 산중에서도 익히 들어오던 터여서 마을을 지난다한들 쉽게 어느 집 대문 안을 들어설 염치가 없었다. 대신 산기슭 물웅덩이를 만나면 그 물을 떠서 갈증을 식히며, 걸음을 멈추지 않았다.

얼마나 걸었을까. 하늘에는 달이 떠서 서쪽 하늘을 환하게 밝히고 있었고, 달빛은 지상도 희미하게 비추고 있었다. 간간이 개 짖는 소리가 들렸다. 퍼뜩 정신을 차린 일연은 발걸음을 멈추고 희미한 달빛 아래 주위를 응시하기 시작했다. 눈에 익은 산자락, 성암산이 분명하다. 이 산 골짜기에 아버지가 잠들어 있을 것이다. 숨을 크게 들이쉬고 천천히 다시 응시했다. 저 앞쪽에 어둠 속이지만 눈에 익은 마을이 보였다. 어디를 어떻게 걸어왔는지 모르겠지만 그는 지금 고향 장산에 들어온 것이다.

옛집이 그리 멀지 않은 곳에 있다는 것도 알아차렸다. 개 짖는 소리는 더욱 사납게 점점 가까이 들려왔다. 내가 살던 옛집은 그대로 있을까. 혹시 어머니도 그대로 계실까. 갑자기 가슴이 뛰기 시작했다. 진전사에서 계를 받고 일연은 어머니를 잊기로 했다. 자신이 태어난 고향도 자신의 출생도 잊기로 했었다. 아홉 살 어린 나이에 어머니 손에 이끌려 무량사로 향할 때만 하더라도 일연에게는 어머니가 전부였다.

무량사에서의 5년도 오로지 어머니와 만나 건강하게 행복하게 잘 살기 위해서였다. 그런데 그 어머니는 자신을 버렸던 것이다. 어머니를 만난다는 기쁨에 무정 스님을 따라 무량사 산문을 나서던 때가 어제만 같다. 그런데 그 기쁨과 설렘은 몇 날 며칠을 걷고 걸어서 자신이 장산에서 천리만리나 떨어진 강원도 설악산 골짜기 진전사에 부려졌을 때 산산이 깨진 것이다. 그때서야 일연은 5년 동안 한 번도 자신을 찾아오지 않은 어머니가 사실은 5년 전에 이미 무량사에 자신을 버렸다고 믿었다.

진전사에서 포산으로 갈 때도 장산을 거쳤다. 그러나 그는 애써 외면하고 바로 포산을 향했던 것이다. 그 세월이 장장 20년에 가까워진다. 그런데 그는 지금 잊겠다고 다짐한 고향땅에 발을 들인 것이다. 그리고 어머니를 생각하는 것이다. 일연에게 어머니는 이미 자신을 무량사에 두고 갈 때부터 다른 인연을 맺어 다른 곳으로 간 사람으로 자리하고 있다. 그런데 지금 막연히 옛집에 어머니 혼자 자신을 기다리고 있을 것 같은 희망을 아니 사실 바람을 품고 있는 것이다.

긴 세월이 지났지만 마을의 들입은 그대로인 듯하다. 실개천을 끼고 들어서는 마을 입구에는 어린 날 보았던 옛날 그 나무가 그대로 마을을 수호하듯 우람하게 서 있었고, 안쪽으로 들어가는 골목길은 갈래갈래 익숙하였다. 마을은 불빛 하나 새지 않는 깜깜한 적막에 들어 있었다. 그러나 늦은 시간 낯선 발걸음 소리를 용케 알아보는지 집집의 개들은 컹컹컹 서로 서로 울음으로 경계의 신호를 보냈다. 어느 집에선가 턱, 방문을 열어젖히는 소리도 들렸다가 이내 조용해졌다. 일연은 마을 안쪽을 깊숙이 지나 왼편으로 꺾어지는 골목으로 들어섰다. 그 골목 끝에 자신이 태어나고 자란 집이 있다.

앞집에서 개가 위협적으로 짖어댔다. 그러나 싸리문을 밀고 들어선 집에는 개도 없는지 기척 없이 조용했다. 덜컥 겁이 났다. 그러나 이내 안도의 숨을 내쉬었다. 안채 장지문에서 희미한 불빛이 새어 나오고 있었기 때문이었다. 사람이 살고 있구나. 이미 마당 가운데로 들어선 그는 눈으로 집안을 둘러보았다. 어둠 속에 장독대와 장독대를 비켜서 나무 한 그루가 그대로 서 있었다. 그 나무는 훌쩍 자라 있었지만 그것이 앵두나무라는 것을 그는 알고 있다. 뒤뜰 담 밑에 지붕을 훌쩍 넘는 나무도 보였다. 아마 감나무일 것이다. 목이 메여왔다. 불빛이 새어 나오는 방 앞에 다가갔다.

"주인 계십니까?"

떨리는 목소리로 기척을 내고는 오만가지 생각이 휩싸였다. 이 집은 이미 어머니 집이 아닌 게 아닐까. 어머니가 안 계시고 다른 사람이 있으면 어쩌나. 혹시 어머니와 다른 사람이 지금 눈앞의 방안 침소에 들어 있는 상황은 아닌지. 그렇다면 나는 어떤 말을 해야 할까. 그리고 혹시나 어머니가 나를 알아보고 방문을 다시 닫아걸면 어쩌나. 다시는 보지 말자고 모진 말로 내쫓으면 어떻게 하나. 마른침이 고이고 수십 년의 시간이 흐르는 것 같았다.

"지나는 객승입니다. 주인장 계십니까?"

목소리가 담장 밖을 넘었는지 앞집 개가 다시 짖기 시작했다.
"야밤에 누구시오?"
 방문이 열렸다. 일연은 빠르게 방안을 살폈다. 방에는 초췌한 아낙 혼자였고, 그녀는 다소 미심쩍은 눈길을 밖으로 보내며 문고리를 잡은 채 밖을 살폈다.
"지나는 객승입니다. 예전 살던 보살님을 뵙고자 하……"
"아이고, 아이고!"
 말이 끝나기도 전에 여인이 불에 덴 듯 밖으로 튀어 나왔다. 그러고는 와락 달려들어 엎어지듯 옷자락을 잡고 스님, 스님 하고 숨이 넘어가는 목소리로 울먹였다.
 어머니였다. 일연은 온몸의 피가 일시에 빠져나가는 것 같았다. 다리가 후들거리고 심장이 터질 것 같았다. 어머니였다. 피골은 상접하여 안으면 바스라질 것 같은 깡마른 몰골이지만 긴 세월만큼 늙어서 곱디고운 얼굴은 아니었지만 어린 날 풍만한 가슴팍에 아들의 손을 꼭 포개어 얹고는 '우리 아가 예쁜 아가, 어서어서 잘 자라서 천년만년 함께 살자'고 주문처럼 외며 자신을 잠재우던 그 어머니였다. 끝내 다리가 풀려 옷자락에 매달린 여인을 안고 풀썩 땅바닥에 주저앉았다. 얼마나 서로 말없이 부둥켜안고 있었을까. 정신을 차려보니 여인은 눈물범벅인 채로 일연의 얼굴을 쓰다듬고 또 쓰다듬고 있었다. 쓰러질 것 같은 어머니를 안고 방안으로 들어갔다. 누웠다 일어난 참인지 아랫목에 이불이 펴 있었다. 일연은 새가슴처럼 할딱이며 눈물범벅이 된 어머니를 펴진 이불을 밀치고 아랫목에 앉혔다. 그리고 절을 올렸다. 흐르는 눈물이 볼을 타고 내려 가슴팍을 적셨다. 고개를 들 수가 없었다. 20년 세월이 겨우 이것이었구나. 어머니가 나를 버린 것이 아니라 자신이 어머니를 버렸다는 사실을 비로소 깨달았다. 장삼자락으로 얼굴을 훔치고 일어나 어머니를 바라보았다. 이미 늙어가고 있는 여인은 가까스로 숨을 고르고 있었다.

"어찌 그리 담박에 알아보셨소?"

"수천 년이 지나고 뼛골이 진토 된들 내 어찌 자식을 알아보지 못하겠소."

다시 눈물이 흘렀다.

"그동안 어찌 살아오셨소?"

"잘 살아왔습니다. 잘 살아왔습니다."

여인은 그저 잘 살아왔다는 말만 되풀이했다. 그 잘 살아왔다는 말 속에는 걱정하지 마시게 난 아무렇게나 되어도 괜찮으니 걱정하지 말라는 묵언의 메시지가 담겨 있었다. 두 모자의 회포는 그렇게 시작되고 있었다.

아직 동이 트려면 두어 시간은 있어야 할 것이지만 여인은 서둘러 부엌으로 나갔다. 시렁 가장 깊은 곳에 고이 올려놓은 작은 항아리를 내렸다. 그 안에는 흰쌀이 소복이 담겨 있다. 해마다 햅쌀이 나오면 제일 먼저 이 항아리를 내려 항아리에 담긴 쌀과 교체한다. 항아리에 그해 거둔 첫 곡식을 담아 두는 의식은 여인만의 주술이기도 하다. 해가 바뀌고 새 쌀을 항아리에 담을 때마다 여인은 이 쌀로 지은 밥을 받을 주인을 기다렸던 것이다. 눈에 넣어도 아프지 않을 어린 자식의 장래를 위해서 천 리 먼 곳에 버려두고 온 후로 여인의 기도는 단 하나였다. 금방 만나지 않아도 좋으니, 아니 평생 두 번 다시 얼굴 한번 볼 수 없어도 좋으니 건강하게 오래오래 살아주는 것. 그래도 사람의 마음인지라 날마다 보고 싶고 달마다 미칠 것 같은 마음을 이 항아리에 봉한 것이다. 그리고 항아리가 열리기만을 기다려온 것이다. 오늘 드디어 이 항아리에 담아둔 쌀로 밥을 짓게 되었다. 그 밥의 주인이 온 것이다. 건장한 사내의 모습으로, 승가의 사람이 되어 어미를 찾아온 것이다. 요량 없이 눈물이 자꾸 나왔다. 몸속에 이리 많은 눈물이 담겨 있었던가 의심이 들 정도였다. 사실 여인은 그동안 눈물 한 방울 흘리지 않았다. 혹시라도 못난 자신의 마음이 자식에게 해를 미칠까 솟구치는 눈물을 꾹꾹 쟁여두기만 했었다.

  모자는 밥상을 사이에 두고 마주 앉았다. 일연은 마주 앉아 아들의 숟가락 위로 찬을 올리는 어머니를 물끄러미 바라보았다.

  "어찌 그리 매정하셨소? 이 아들이 단 한 번도 보고 싶지 않으셨소?"

  "스님요."

  "어머니, 명이라고 불러주소."

  "스님, 그건 아니 될 말이요."

  "예전에 날 부르던 그 목소리로 이름 한 번만 불러주소."

일연은 다시 목이 메여왔다. '명아, 우리 아가 명아' 하고 불러주던 그 목소리가 사무치도록 그리웠다. 그리고 아무리 부처님의 자식이 되었기로서니, 낳아준 모친에게서까지 스님 소리는 듣고 싶지 않았다. 그것은 아직 제대로 된 중노릇도 하지 못했을 뿐더러 그동안 시주 공덕으로 살아왔으니 스님이라는 그 호칭이 무겁다는 것을 새삼 깨닫게 되었기 때문인지도 모른다. 그리고 이 순간만큼은 저 여인의 아들이고 싶었다. 그리고 아들로서 그간의 어머니 살아온 세월을 듣고 싶었다. 여인은 고요히 아들의 얼굴을 바라보다가 입을 열었다.

"명아, 내 아들 명아. 고생하였다. 무정 스님의 말이 틀린 적 없으니 믿고 또 믿기야 했었지만, 그 세월이 어찌 이리 길었더냐. 이렇게 네가 장성하여 내 앞에 왔으니, 이제 죽어도 여한이 없다. 부처님께서 눈이 밝으셔서 용케 너를 알아보시고 손을 잡아 이끌어 이리 훌륭하게 키워 놓았으니 집안의 복이요. 나의 영광 아니겠느냐."

보고 싶지 않았느냐는 질문에 보고 싶었다는 말 대신 '이렇게 장성해 줘서 고맙다. 튼실한 부처님 제자가 되어 찾아와줘서 영광이다.'라고 말하는 목소리는 심히 떨렸다. 일연은 밥상을 밀치고 다가가 그런 어머니의 두 손을 꼭 잡았다.

"아이고 내 정신 봐라. 우리 스님 얼마나 피곤하실꼬. 상 물리고 자리 봐줘야지."

여인은 허둥대며 일어나 밥상을 들고 나갔다. 일연은 조용히 아랫목에 이부자리를 펴기 시작했다. 동이 트려는지 방문이 희미하게 밝아오고 치마에 젖은 손을 훔치며 여인이 방으로 들어왔다.

"이불은 내가 펴줄 것이구만."

"어서 이리 와서 누워 보소."

일연은 어머니 손을 잡고 이부자리 속으로 들어갔다. 앙상하게 마른 몸을 자신의 팔로 감싸 안고 곁에 누웠다. 어린 날 달짝지근한 살 냄새를 맡으며 파고들던 어머니 가슴은 이미 쪼그라들었지만 그 내음은 그대로 코끝에서 살아났다. 토닥토닥, 여인은 다 큰아들 품에 안겨서 깡마른 손으로 아들의 어깨를 두드리고 있었다. 수탉의 홰치는 소리를 시작으로 마을이 수런수런 깨어나고 동창이 훤하게 밝아왔다. 동이 트는 것이다. 어머니 품에서 참으로 달고 깊은 잠을 잤던 일연은 자신에게도 이제 아침이 오고 있다는 것을 알았다.

네댓새를 더 머물렀다. 애착에 갇혀 있던 의심과 분노와 체념이었던 그 한 가지가 흔적 없이 사라졌다. 그리고 자신이 가지고 있는 이 육체가 긴 세월 단 한순간도 놓치지 않고 자신을 잡고 있었던 어머니의 염원이며, 한 몸뚱이임을 알게 되었다.

그날 밤 일연은 마을로 들어설 때 오직 한 집 어머니 집에서만 보이는 불빛에 내해 물었다. 어째서 온 마을이 다 잠든 한밤중에도 어머니는 불을 밝혀 두고 계셨느냐고, 아들의 그 물음에 어머니는 대수롭지 않게 지나가듯 말을 이었다.

"혹시나 네가 찾아 왔을 때 혹여 한밤중이면 어쩔까 해서. 대문을 들어서서 깜깜한 집을 보면 얼마나 무서울까 생각해서 단 하루도 불을 끄지 못했다."

일연은 어머니가 그렇게 밝혀둔 불빛이 자신을 환하게 비쳐 왔음을 깨달았다.

이제 사중의 규율적인 일상에서 벗어나 혼자 생활하는 형편이 되었으니 어머니를 모시고 가도 괜찮겠다는 생각이 들기도 했다. 어머니가 옆에 계신다고 해서 공부가 안 되거나 수행이 어려울 것도 없는 일이고, 또 자신이 있었다. 이틀을 머물며 슬쩍 어머니의 의중을 떠 보았다. 어머니도 아들과 함께 있고 싶지 않겠는가. 이제는 품에서 떼어내던 그때의 어린아이도 아니고, 장성할 만큼 장성하였고, 나름 승가의 법도도 익혔으니 무엇에 흔들리는 시기는 지났다는 것을 알고도 남았으니, 그보다 일연 자신이 이제는 어머니와 함께 하고 싶다는 마음을 내비쳐 보았던 것이다.

"그런 소리 마시오. 스님은 스님 길을 가셔야지. 아직 멀었소이다."

단호하고 냉정하게 불호령이 떨어졌다. 지독한 모정이었다. 그 심정을 알고도 남았다. 일연은 속으로 그리 멀지 않은 곳이니 때때로 들르면서 살펴드리리라 다짐하고, 하직 인사를 드렸다. 여인은 이제는 마음 놓고 보낼 수 있는 아들의 손을 꼭 잡아 방바닥에 앉힌 뒤 그 앞에서 삼배를 올리며 말했다.

"큰스님 되이소. 이제 이 어미랑 잊고 부디 큰스님 되어주소."

여인은 '큰스님 되어주소.' 속으로 이 말을 되이며 지난 세월을 되짚어 보았다. 장산에서 해남까지 그 먼 길을 걸어서 갈 때 아직 어리고 허약하기 짝이 없었지만 아들은 불평 한마디 없이 걸었다. 이제 어미와 떨어져 있어야 한다는 것을 알면서도 불안해하거나 성질 한번 부리지 않고 타박타박 잘도 걸어주었다. 온몸이 땀으로 범벅이 되어도 도리어 어미를 걱정스러운 듯 바라보며 앞서 걸음을 재촉하며 걸었다.

 당시에는 오로지 아들 목숨을 살린다는 일념뿐이었다. 태어날 때부터 골골거리는 자식을 품에 안고 뜬 눈으로 날밤을 지낸 것이 다반사였고, 설상가상 횡액으로 지아비까지 황천으로 보내고 나니 모든 것이 자신이 가졌을지도 모르는 흉살(凶殺) 탓인 것 같았다. 그즈음에 집안 어른들의 결정이라면서 자식과 잠시 떨어져 있으라는 명을 받았다. 어디서 무슨 말들이 오고 갔는지는 모르지만 잠시만 떨어져 있으면 자식이 골골거림에서 벗어나고, 한세상 근심을 덜어준다고 하니 거역하기 어려웠다. 어쩌면 이렇게 약골인 하나뿐인 자식도 자신 곁에 두면 남편처럼 어떤 횡액을 당할지도 모른다는 두려움이 있었기에 서둘러 따랐는지도 모른다. 또한 번잡한 세속을 벗어나 부처님의 가호를 받을 수 있는 절에서 피붙이인 무정 스님이 잠시 거두어 준다고 하니 그나마 마음이 놓이는 면도 있었다. 무정 스님이라면 믿을 만했다. 학식도 있었고, 인품 또한 다정하고 따뜻한 사람이었기 때문이다.

 처음 무량사에 어린 자식을 떼어 놓고는 도저히 마음이 놓이지 않았다. 장산으로 돌아가자마자 짐을 꾸려 무량사 아래 해미마을로 쫓아갔었다. 새벽이면 엄동도 상관 않고 찬물에 목욕재계하고, 무량사로 향했다. 무정 스님의 불호령이 무서워 절 안으로는 들어가지 못하고,

절 뒤 대숲에 숨어들었다. 해가 뜨고 아들이 방을 나와 법당으로 공양간으로 무정 스님의 처소로 들어가고 나오는 활달한 모습을 보고서야 마을로 돌아왔다. 하루 또 하루 기도하는 마음으로 아들을 지켜보면서 생활했다. 다시 만날 날을 손꼽아 기다린 세월, 돌이켜 생각해도 눈물 난다. 넉넉잡아 석삼년만 지나면 되리라. 생면부지 낯선 마을에 거처를 잡아 길쌈으로, 잔칫집 상갓집 가리지 않고 허드렛일로 끼니를 해결하면서 세월이 가기만을 학수고대하였다. 삼 년이 가까워질 무렵 해미마을에 있는 자신의 거처로 무정 스님이 찾아왔다. 맨발로 뛰어나가 맞이했다. 이제 자식을 데리고 장산 본가로 돌아갈 수 있겠구나 생각하니 가슴이 벌렁거렸다. 하지만 무정 스님은 청천벽력 같은 말로 자신을 기함시켰다.

"누이, 이제 짐을 꾸려 고향으로 돌아가야겠네."

"스님, 그동안 애쓰셨습니다. 내가 매일 훔쳐보지만 우리 명이 저렇게 건강하게 자랐으니 다 스님 덕분입니다. 고맙고 고맙습니다. 여기 짐 정리는 이삼 일이면 될 것 같습니다. 정리 끝내고 아이 데리러 가겠습니다."

"자네 혼자 떠나게."

"예?"

순간 여인은 뭘 잘못 들은 것이라고 생각했다.

"저 아이는 내가 키워야 할 것 같네. 학문도 학문이거니와 법을 담을 그릇인 것 같으니 어미라고 해서 내 자식으로만 품안에 가두지 말고,

그냥 내어 놓게나."

"스님, 약속이 틀리지 않습니까요? 넉넉잡아 석삼년이라고 해서 제가 그렇게 한 것 아닙니까."

"약속이라니, 자네와 떼어놓고 명줄을 이어준다 하지 않았는가? 그 명줄 아직 이어지지 않았어."

"스님, 그럼 함께 있게 해주셔요. 제가 무량사로 들어가겠습니다."

"누이, 내 말 듣게나. 머잖아 내가 저 사람 어미다,라고 할 날이 오질 않겠나. 내 분명히 그런 날을 자네에게 돌려줄 터이니 큰마음을 가지시게."

무정 스님은 그 특유의 다정다감한 목소리로 여인은 눌러 앉히며, 영영 자신에게서 자식을 떼어갔다.

그날 이후 무정 스님의 그 약조를 꽉 붙들고 살아왔다. 그러고도 2년을 무량사 대숲에 숨어 아들을 훔쳐보며 지내다가 아들이 부처의 품을 찾아 무정 스님의 손에 이끌려 무량사를 나설 때, 자신도 짐을 꾸려 아들의 태를 묻은 장산으로 돌아온 것이다. 이날까지 오로지 아들의 안위만 빌고 빌며 살아왔다. 낮에는 해에 빌고 밤에는 등잔을 밝히고 달에 빌었다. 아들이 깃든 부처님 전에 빌고 또 빌었다. 한순간이라도 자신이 의식에서 아들을 놓친다면 아들의 명운도 놓칠 것 같아 이를 악물고 버티며 왔다.

강산이 두 번이나 바뀌는 세월을 지나고 나서야 무정 스님의 약속은 그 일부를 잠시 보여준 것이다. 여인은 알고 있다. 내 아들 견명이 스님 일연이 되어 자신에게로 왔지만 아직은 자신이 품으면 안 된다는 것을, 자신은 그저 먼 훗날 아들이 아닌 불제자 스님 일연의 품에 안겨야 된다는 것을 너무나 잘 알고 있었다.

일연은 자신을 앉혀놓고 절을 올리는 어머니를 일으켜 세우며 '명심하겠습니다. 열심히 정진하겠습니다.' 속으로 다짐했다. 일연은 봇짐에 깊이 넣어둔 것을 꺼내 어머니 손에 꼭 쥐여 주었다. 코도 비뚤 얼굴도 비뚤 매끄럽지 못하고 못났지만 입술은 가늘게 웃고 있어 한없이 자애로운 보살상이었다. 지난날 진전사에 머물 때 아무도 몰래 혼자 다듬어서 간직하고 있던 산벚나무로 깎은 조각상이다.

진전사에서의 나날은 승려로서 태어남에 대한 혹독한 시련과 어머니에 대한 그리움과 원망이 얽혀 있는 시간이었다. 어머니에 대한 그리움이 사무칠 때 그가 할 수 있는 일은 나뭇가지를 잘라서 어머니 얼굴을 새기는 것이었다. 어머니 얼굴이라고 했지만 수백 번을 깎고 새기고, 또 버리기를 반복한 다음 겨우 형태를 갖춘 것 하나 건진 것이다. 조각상이 완성 되었을 때 일연은 그 앞에 절을 올렸다. 그리고 쓰다듬고 쓰다듬어 이제는 손때가 묻어 윤기조차 나는 보살상이 되었다. 한번은 일중 사형이 그 모습을 보고, '관세음보살님이 우리 사제 방에 상주 하시는구먼'이라고 말하며, 진중하게 그 앞에 삼배를 올린 적도 있었다. 일연에게는 어머니이고 관세음보살님이고, 또 부적이었다.

"제가 만든 것입니다. 관세음보살님이시니 함께 지내십시오."

못내 아쉬울 모친에게 일연은 자신의 손때가 묻은 호신불을 이제 어머니의 호신불로 드린 것이다.

 삽짝을 나설 때 동녘 하늘이 훤하게 물들어왔다. 일연은 마음에 찌든 때처럼 묻어 있다고 인식하였던 어머니라는 존재는 애초에 자기와 하나였음을 이제야 깨달았다. 있고 없고, 보고 못 보고를 떠나 일연 자신이 있으면 어머니도 있고, 일연 자신이 없으면 어머니도 없다는 것을 안 것이다. 나는 이제 무주, 그 자리에 들어가서 정진하리라. 마을을 빠져 나올 때까지 어머니는 자신의 뒷모습을 보고 있을 것이다. 그리고 어머니의 방에는 여전히 등잔불이 꺼지지 않을 것이다.

 아들의 모습이 동구 밖에서 점이 되어 사라지자 여인은 집으로 들어와 넋이 빠진 채 털썩 주저앉았다. 그리고 또다시 긴 세월을 홀로 보내야 한다는 것에 서러움이 북받쳐왔다.

 무주암은 그사이 마당 귀퉁이에 이름 모를 풀들이 자잘한 꽃 몇을 피워놓고 있었다. 주위 갈참나무 잎들은 좀 더 무성해지는 중이었고 초막 뒤편 바위 아래 파놓은 구덩이엔 맑은 물이 고여 넘치고 있었다. 일연은 옆에 둔 박바가지 가득 물을 떠서 한 모금 마신 다음 남은 물로 손발을 씻고 방으로 들어왔다. 지난번 큰절(대견사) 사미승이 지고 와서 두고 간 양식은 당분간은 견딜 것이다. 일연은 고요히 앉아 눈을 감았다.

 이곳 포산에 들어온 이래 7년여만의 바깥 나들이였다. 성암산 아래 옥산마을로 가는 동안 갈 때는 오로지 한마음이어서 보이지 않던 풍경들이 어머니를 만나고 그 한마음을 지운 다음 올 때에는 눈에 들어왔다. 곳곳이 핍박당한 흔적이 보였다. 두 해 전 있었던 몽고와의 큰 전쟁으로 백성의 삶은 곤궁할 대로 곤궁해져 있다는 것을 알 수 있었다. 몽고군이 이곳 장산현이나 현풍현을 직접 휩쓸지는 않았으나 나라의 살림에 백성들이 동원되고 있었으니 고관대작이나 부처님 도량은 그 폐해를 다소 면하고 있었지만 백성들은 오롯이 그 몫을 담당하고 있었다. 설상가상으로 근 몇 년 잦은 가뭄 탓에 백성들의 삶은 참혹하기까지 한 것이다. 그 실상을 눈에 담고 온 일연은 마음이 아파오기 시작했다.

부처님의 위신력은 지금 어디에 있는가? 왜 이 땅은 저 흉악하고 난폭한 오랑캐의 침략을 받아야 하며, 백성들은 곤궁한 삶에 허덕이는가? 그리고 나는? 민초들의 발원과 기원이 담긴 시주로 그동안 배를 곯지 않고 이렇게 장성한 나는 무엇을 위하여 여기 이 초막에 들어 앉아 있는가? 일연의 마음에 다시 괴로운 삶을 살아가야 하는 백성을 담은 '이 땅, 나라'라는 아픈 색깔의 물이 들고 있었다. 이제 그 해답을 찾아야 한다.

일연은 여기 와서 첫날밤 꿈인 듯 생시인 듯 만난 불보살님이 문수보살님이라고 짐작했다. 분명히 보지 않았던가. 머리에 보관을 쓰고 천의를 걸치고 있었으며, 오른손에 칼을 높이 치켜들고 왼손에는 푸른 연꽃을 들고 있던 모습. 경전에서 수없이 익혀왔던 문수보살상이 분명하였다. 이제부터 지혜의 화신인 문수보살님께서 자신의 눈을 열어주리라 확신했다.

방문을 열어놓고 좌정하고 앉았다. 그리고 문수보살 오자진언(五字呪)을 염송하기 시작했다.

"아라파자나. 아라파자나. 아라파자나. 아라파자나. 아라파자나. 아라파자나……"

내가 지금 이 진언을 받아 지녀서 청정하고 미묘한 수행으로 곧 나[我]라는 자성을 없애고 부처님의 모든 가르침을 터득하여 하루 빨리 큰 지혜 얻게 하소서.

"아라파자나. 아라파자나. 아라파자나. 아라파자나. 아라파자나. 아라파자나.……"

해가 뜨고 지고, 달이 뜨고 지고 오로지 한마음으로 염송하기를 이어갔다. 계절이 바뀌고 있었다. 반사와 첩사의 삶을 닮아갔다. 큰절 사미승이 지고 와서 던져주고 간 양식은 바닥이 난지 이미 오래이다. 사미승은 곡물 자루를 내려놓으며, 양식이 떨어지면 큰절에 와서 가져가라고 일러주라는 큰스님의 말씀을 전해주고 갔지만, 깨닫기 위해서 혼자 하는 일대사에 먹는 것을 큰절에다 신세지고 싶지는 않았다. 그 큰절에 있는 양식은 물론 대중스님의 경작으로 마련한 것이기도 하지만 산 아래 민초들의 시주도 다수 있지 않겠는가? 생각이 거기에 미치니 도저히 양식을 얻으러 가는 발걸음을 떼기가 어려웠다.

칡뿌리를 캐고, 도토리를 주웠다. 나무 열매와 무상으로 돋아나는 나물이면 허기는 면할 수 있었다. 천지에 널린 땔감으로 추위를 피하는 것도 호사라면 호사 아닌가. 그렇게 자신과의 싸움을 이어가는 동안 머리와 가슴은 텅 비워져 갔고, 몸은 허공으로 붕 떠오를 만큼 가벼워져 갔다.

한 칸 암자는 지붕에 잡풀을 키워내고 있었다. 뒤쪽에 솟은 바위에 올라 가부좌를 하고 앉았다. 눈을 감고 얼마나 지났을까. 허공에서 펄럭이는 명주 필이 내려왔다. '생계불감 불계부증(生界不減 佛界不增)' 중생의 세계는 줄지 않고, 부처의 세계는 늘지 않는다. 눈을 감고 있었으나 글씨는 선명하게 눈앞에서 펄럭였다. 눈을 떠 보니 허공은 티 없이 맑고, 방금 보았던 명주 필은 흔적이 없었다.

그날부터 일연은 그것을 화두로 삼아 정진했다. 때를 잊고, 계절도 잊었다. 불현듯 장산에서 해양 무량사, 무량사에서 강원도 진전사, 진전사에서 포산 대견사, 대견사에서 이곳 무주암, 무주암에서 다시 장산. 그리고 장산에서 돌아온 곳이 포산 무주암!

"오늘 곧 삼계(三界)가 꿈같음을 알았고, 대지가 작은 티끌만큼의 거리낌도 없음을 보았다."

일연은 소리치며 확철대오의 숨을 토해내었다. 비로소 자리를 털고 일어났다. 무엇 하나 거리낌이 없었다. 과거와 현재 미래가 꿈이었다. 그리고 그곳이 바로 그 자리였다. 일연은 긴 꿈에서 깨어난 것이다. 한 계절을 더 보내고 묘문암(妙門庵)으로 거처를 옮겼다. 따져 보니 포산에 들어온 지 십 년을 맞고 있었다.

묘문암에 자리를 옮겨 앉은 뒤로는 갈근(葛根)의 생활은 벗어났다. 시봉을 들어주는 어린 사미도 곁에 있고, 마을 어귀에 묘문암 소유의

논밭도 제법 있어서 배움을 청하고자 드나드는 제자들의 손을 빌리면 암자의 식구가 밥 굶을 일은 없었다. 또한 멀고 가까운 곳에서 찾아와서 함께 수행하는 오고 가는 발걸음들이 제법 있어 바깥세상의 소식도 듣고는 살았다.

백성의 곤궁한 삶은 더욱 더 피폐해지는 세월이 이어지고 있었다. 부처님 법을 수호하는 승가나, 나라를 경영하는 왕실이나 사대부 모두 이제는 자신들만의 영화와 안락함에 앞서 백성들의 평안과 안락한 삶이 우선 과제라는 것을 실감하고 있었다. 그러나 이 나라는 아직 그 문제를 해결하지 못하고 있다. 산중의 일연도 이제는 그것이 일대사가 되었다. 우선 곤궁하고 피폐한 백성들의 마음이라도 위로할 무엇이 있어야 할 것 같은데, 그들이 두렵고 지친 마음을 의탁할 그 무엇이 필요하였지만, 현실은 앞날에 대한 두려움이 가중될 뿐이다.

아주 오랜 옛날부터 이 땅은 부처님의 가호 아래 백성과 나라는 흥망을 이어왔다. 고전에 이르기를 예전 신라가 이 땅을 한 덩어리로 모아 눈부신 흥성을 이룬 것도 황룡사에 9층탑을 세운 덕이라고 하였다.

황룡사의 9층탑은 중국 오대산에서 문수보살에게 감화되어 불법을 전수받은 신라의 승려 자장법사가 중국 유학 당시에 태화지 둑에서 만난 신령한 사람의 말을 듣고 본국으로 돌아와서 세운 탑이라고 한다. 그때 자장법사는 자신이 만난 신령한 사람으로부터 '황룡사의 호법룡은 자신의 큰아들인데 범천왕의 명령을 받고 절을 보호하고 있다. 당신이 가서 절 안에 9층탑을 세우면 이웃나라들이 항복하고 동방의 아홉 나라가 와서 조공을 바치며 왕 없이도 영원히 편안할 것이다.'라는 말을 들었다고 하였다. 자장법사는 계묘년(643년)에 당나라 황제가 내려준 불경, 불상, 가사 등 폐백을 가지고 본국으로 돌아와 왕에게 탑을 세울 것을 권하고 중국 오대산에서 받은 부처님 사리 100과를 탑 기둥과 통도사 계단(戒壇), 그리고 아곡현 남쪽에 있는 대화사 탑에 나누어 모셨다고 전해진다. 이후 삼한이 통일이 되었으니 이것은 바로 탑의 영험이라 할 수 있지 않은가?

그런데 지난 무술년(1238년) 겨울에 오랑캐 침입으로 탑과 절이 모두 불타 없어졌다. 지금 이 나라의 외침에 대한 횡액도 이 땅을 수호하는 황룡사의 탑이 없어진 까닭이 아닌가 하는 확신이 들었다. 그러니 승가나 백성이나 불법을 수호함에 있어 좀 더 관심이 필요하다는 것을 절실하게 다가왔다.

생각해보니 이 땅은 가섭불 시대부터 부처가 상주하는 땅이 아니었던가. 왕후장상부터 백정의 자식까지 고대광실부터 갈대숲 초막까지 불법이 미치지 않은 곳이 있단 말인가? 그런데 지금은 저 오랑캐들의 침략으로 아홉 나라의 조공을 받으며 영원히 평안함을 주는 황룡사 9층탑은 불타 없어졌다. 더군다나 불법 수호로 호국 의지를 담아 새긴 대장경판도 소실된 지경이니 지금의 이 나라에 닥친 혼란은 부처님 도량을 잘 수호하지 못하고, 또 부처님 뜻을 훼손한 무리들이 득세를 한 까닭일지도 모른다는 생각이 마음속에 자리 잡히기 시작했다.

불국토! 일연은 비로소 자신의 염원이 어디에 닿아 있는지 알 수 있었다. 이 땅에 불법을 들여온 선지자들이 그리웠다. 일천 년이 가까운 세월 저쪽에서부터 이 땅에 현현히 나투셨던 수많은 화신불(化身佛)의 이야기가 궁금했다. 언젠가는 그들의 흔적을 찾아내어 지금 고통 받는 저 중생들을 위무해주고 싶었다. 그리고 앞서간 이들의 융성하고 아름다웠던 유사(遺事)에서 부처의 흔적을 증빙하고 싶었다.

일연이 포산으로 들어온 지 22년이란 세월이 흘렀다. 묘문암에 어둠이 내리고 포산은 산꼭대기 절벽 위에 우뚝 서 있는 석탑부터 고요에 잠겨들었다.

대장경판 그리고 남해

그로부터 며칠 후 일연은 남해 정림사(定林社)로 길을 향했다. 당시 최씨 무인정권과 밀접한 유대를 가지고 있던 정안의 초청으로 이루어진 일이다. 일암거사(逸庵居士)라는 별호로도 불리는 정안은 무신 가문인 최우의 처남으로 사재를 보태어 나라의 큰 역사인 대장경판을 조성하기 위해 남해에 정림사를 지어서 그 일을 진행하고 있었다. 그러니 당시 나라의 일대사인 대장경판 조성의 주체적 역할을 하고 있었다.

그리고 지금 그런 정안의 요청을 받아 묘문암 산문을 나선 일연이 남해 정림사에 도착해 대장경판 조성 마지막 작업을 해온 지가 벌써 일 년을 맞이하고 있다.

'내가 지금 정안의 요청을 받아들여 포산을 나온 것은 일신의 영광을 위해서가 아니다.' 일 년 전 포산을 떠나며 일연은 스스로를 점검했다. 지금 이 나라는 몽고군의 횡포로 산천은 죽임을 당한 백성들의 시체로 덮여서 그 참혹함은 눈 뜨고 볼 수 없다. 차출 되거나 붙잡혀서 무자비하게 몽고로 끌려간 백성만도 20만 명이 넘는다는 이야기가 기정사실인 지경이다. 이 환난을 벗어나는 길은 불법을 따르고 불법을 수호하는 길뿐이다.

포산을 나서며 일연은 대장경판은 세세연연(世世年年) 이 땅의 백성들을 지키는 호신불이 될 것이라는 주문을 스스로에게 주입하고 있었다. 이번 경판 조성은 나라의 크나큰 일대사이며 불제자로서의 막중한 의무였기 때문에 반드시 여법하게 완성을 해야 했다.

이 나라는 태조 때부터 호국의 의지처로 불교를 삼았다. 그 증빙이 불타 없어진 대장경판이었다. 그 대장경판은 호국의 염원을 담아 한 자 한 자 수십 년의 세월을 걸치며 완성하여 중악의 부인사(符印寺)에 보관하였는데, 지난 몽고군이 이 땅을 짓밟던 환난 때 애석하게 불에 타 소실되고 말았다. 지금도 그때와 같은 환난이 계속되고 있으니 나라에서는 선대에 불법 수호로 호국 의지를 담아 만들었으나 몽고의 침략으로 불타버린 대장경 경판을 생각하고, 국가의 위태로움을 부처님 힘을 빌려 지키고자 대장경판을 다시 만들기로 한 것이다.

그리하여 강화도에 고려국대장도감(高麗國大藏都監)을 설치하기에 이르렀다. 경판의 조판 작업이 용이한 곳을 물색한 끝에 여기 남해 정림사로 정하고 이곳에 고려국분사대장경도감(高麗國大藏分司都監)을 설치한 것이다.

남해는 우선 섬이어서 몽고군의 침략을 막기에 유리하다. 경판에 쓰일 산벚나무나 돌배나무, 자작이나 단풍나무 등 여러 수종의 나무가 많이 나는 지리산과는 섬진강 물길을 이용하면 목재 운송이 용이했다. 그렇게 지리산에서 벌채한 목재는 뗏목을 이용해서 섬진강 물길을 따라 남해 바다까지 흘러오게 된다. 바다까지 온 목재는 바닷물에 족히 삼 년은 담겨져, 비로소 경판의 재질로 쓰는 것이다. 지리산뿐만 아니라 남해에 흩어져 있는 섬들에서 목재를 구하는 요긴함도 한몫을 했다.

이곳 정림사는 앞에 대사천이 흐르고 있다. 만조 때가 되면 바닷물은 대사천을 따라 정림사 입구까지 닿아 배가 드나들 수 있는 작은 포구 역할을 하는 곳이다. 그렇게 시작한 경전 조판 작업은 벌써 15년째에 들었고, 지금은 완성 단계에 이르러 잘못된 것을 바로잡는 '증의' '교정' 과정을 거치며 점검의 마무리 단계에 있다.

이 작업을 위해 정안은 일연을 불렀다. 일연은 그 소임을 감당할 만큼의 역량을 가진 것임을 자타가 공인한 셈이다. 그 작업이 끝나는 날, 차곡차곡 포개어져 산더미를 이룬 대장경판 앞에 일연은 섰다. 부처의 힘이 아니고는 설명하지 못할 것이다. 저 경판에 새겨진 글자를 조각한 이들은 수십 명에 이른다. 서체나 경전에 통달한 승려도 있고, 일반 서각쟁이도 있다. 그런데 어느 한 글자 흐트러짐 없이 한 사람이 쓰고 새긴 것처럼 고르고 단정하다. 희유하고 장엄 그자체가 아닌가.

애초에 바람에 날리는 씨앗 하나 하나가 지리산 깊은 골 곳곳에 내려앉았다. 그 씨앗은 지리산 정기를 빨아먹으며 삼십 년을 훌쩍 넘게 살아오다가 때를 만나 가지와 뿌리는 다 잘라버리고, 몸뚱이만 뗏목에 실려 섬진강 굽이굽이 물결을 따라 이곳 남해까지 온 것이다. 이곳에 닿아서는 결결이 짠 바닷물에 모름지기 삼 년이란 세월 동안 잠겼다가 흠뻑 젖은 몸 해풍에 말리고 또 말려서 그 물기 온전히 증발시키고 나서야 제 몸에 부처님 법을 새겼다. 한 장 한 장이 부처가 되었구나, 일연의 가슴속에서 형언할 수 없는 소용돌이가 일었다. 돌이켜보면 포산에서의 그 긴 세월에 대한 불보살님의 첫 부름이 대장경 조판이었다. 일연은 비로소 자신이 오래 깃들었던 포산에서 내려왔다는 것을 실감했다.

눈물이 흘렀다. 봄날 바람에 흩날리던 산벚나무 꽃잎같이 여리고 곱던 어머니는 지금 새까맣게 쪼그라든 그 작은 몸뚱이에 무엇을 새기고 계실까? '부디 큰스님 되어 주소' 이명처럼 아득한 곳에서 어머니의 당부가 들려왔다. 회한인지 감회인지 주책없이 눈물이 흘렀다.

일연은 산더미같이 쌓여 있는 대장경판을 경외하는 마음으로 올려다보았다. 그동안 조판에 참여한 이들의 나라와 백성을 생각하는 발심, 불보살의 가호를 믿고 염원한 마음, 그 마음이 한 자 한 자 팔만 장에 새겨져 있다. 이 경판은 세세연연 이어져 우리 민족을 보호할 것이며, 경판에 새겨진 한 자 한 자에 부처님의 법이 담겨져 있다고 생각하니 뜨거운 눈물이 흘렀다.

며칠 후 날씨의 사정이 허락되어 드디어 대장경판을 강화로 옮기는 첫 배를 띄우게 되었다. 나라에서는 대장경판을 완성하여 부처님의 가호를 염원했고, 승가에서도 어느 때보다 나라의 안위와 백성들의 평안을 위해 노력하였던 그 결실이 일연의 손을 거쳐 지금 임금이 있는 강화도로 향하는 것이다.

　방으로 들어온 일연은 가부좌를 하고 눈을 감았다. 지난 2년여의 시간은 꿈결처럼 지나갔다. 이제 나는 무엇을 할 것인가? 스스로에게 질문해 보았다.

　포산을 잠시 생각해보았으나 그곳은 이미 떠난 곳이니 다시 나타나서 번잡하게 하고 싶지는 않았다. 그렇다고 이쪽저쪽으로 자신의 모습을 보이는 것도 웃음거리일 것이니 이참에 여기 남해에 더 머물면서 좀 쉬어야겠다고 마음먹었다.

　이튿날 일연은 아침을 먹고 길을 나섰다. 그동안 몇 차례 이곳 정림사에 와서 일손도 거들고 함께 차담도 나누었던 윤산의 운해사(雲海寺)에 있는 혜일 스님을 찾아가볼 심산이었다. 혜일 스님을 그리 많이 봐 온 것은 아니지만 공부가 깊기도 하거니와 수선사의 승려라 몇 번의 차담(茶談)에서 그의 괜찮은 풍모를 본 것이다. 정림사에서 윤산까지는 꽤 거리가 있었다. 그리 깊은 곳은 아니고 멀리 바다가 보이는 산 중턱에 운해사는 있었는데 들어가는 일주문부터 웅장하여 사세는 꽤 융성해 보였다.

　혜일 스님은 느닷없는 일연의 방문에 반가우면서도 뜨악한 표정이었다. 하기야 사전에 어떠한 연통이나 조짐도 없이 찾아온 것이니 놀란 마음이 먼저일 것이다. 그 놀란 마음을 떨치며 혜일 스님이 일연의 두 손을 맞잡고 자신의 거처로 안내하여 자리를 권하며 일연의 뜬금없는 방문을 궁금해했다.

"어서 안으로 드십시다. 연통도 없이 소승을 찾아오신 걸 보니 무슨 일이라도 있으시나 봅니다."

"놀라게 해서 미안합니다. 어제 경판은 강화도로 떠났습니다. 그 일을 끝내고 나니 좀 쉬어야겠다는 생각이 먼저 듭니다. 공부 생각을 밀치고 쉰다는 것은 법제자가 할 말은 아니어서 스님 앞에서 부끄럽습니다만, 이참에 한 며칠 스님과 차담이나 하고자 연통도 없이 왔습니다. 방해가 된다면 기탄없이 말씀을 주십시오. 그러면 오늘 밤만 신세를 지고 내일 떠날 것이니."

"잘 오셨습니다. 마침 저도 심심하던 차였습니다. 며칠이고 몇 달이고 지내시면 됩니다. 여기가 그래도 풍광도 그만하고 몸과 마음을 좀 놓아두기에는 꽤 괜찮은 곳입니다."

혜일은 호방하고 따뜻한 사람이었다. 교분이래야 정림사에서 몇 번 본 것이 전부인데, 사전에 아무 연락도 없이 불쑥 찾아든 객을 호쾌하게 맞아주었다. 그날 일연과 혜일은 밤늦도록 이야기를 나누었다. 수선사(修禪社)의 일원인 혜일은 정혜쌍수의 교본이 되는 인물로 불교의 선양에 실천적 모습을 보이는 사람이었다. 불교계와 왕실의 합작으로 이루어지는 대장경 조판은 사실 당시의 정치 권력자인 최이와 유대가 깊은 수선사에서 맡아서 할 수도 있는 일이었다. 그러나 정안의 주도 아래 수선사 계통의 인물이 아닌 가지산문의 인물인 일연이 총감하게 되었을 때도 수선사 문도인 혜일은 모든 격을 허물고 솔선하여 도왔던 사람이다. 일연은 그런 그가 진정으로 불법을 수호하는 인물이라 내심 고마운 마음과 호감을 가지고 있었던 터다. 또한 그런 그와 교류하면 자신의 사상도 확장되리라는 기대와 믿음이 오늘 그를 찾게 하였다는 것을 스스로도 알고 있었다.

정안은 그동안 수선사와 깊은 유대관계를 맺어 오면서 정치적 실권을 쥐고 있던 최씨 무신정권의 수장인 최이(崔怡)에 대한 일시적 반발로 가지산문인 일연을 초빙하였는데, 일연은 이를 계기로 최씨 정권과 유대관계를 맺어 오던 수선사와 교류하게 되었으며, 자신이 속한 가지산문도 최씨 정권과 연결되는 결과를 가진 것이다.

운해사에서 사나흘을 더 보내며 여러 이야기 끝에 일연은 그리 먼 곳에 있지 않은 길상암(吉祥庵)에 거처를 정하기로 하였다. 일연의 처지나 입장에서야 작은 암자 하나 차지하는 것은 당연한 권리일 수도 있지만, 혜일의 배려가 컸다. 정림사로 돌아온 일연은 길상암으로 옮기기 위해 짐을 정리했다. 그렇게 정림사에서의 2년은 대장경 조판이라는 소임과 함께 일연의 생애를 깁는 또 하나의 조각이 되어 주었다.

길상암으로 거처를 옮기고 일연은 다소 여유로운 시절을 보내고 있었다. 주로 수선사 스님들과 교류를 하며 정·혜의 깊이를 더 탁마하였다. 또 지금 나라의 안위를 생각해보면 유·불·선의 회통에 대한 고민도 깊어갔다. 그러다가 어느 날 느끼는 바가 있어, 조동종의 중심사상으로 발전된 중국의 동산양개(洞山良介)가 제창한 편정오위설(偏正五位說)을 편찬하기로 했다.

지금 당장은 사람들에게 어떻게 다가갈지는 모르겠지만 일연은 이 오위설의 편정(偏正)에 각각 군신(君臣)을 대비시켜 군신오위설(君臣五位說)로 설명하였다. 그리고 특히 제5겸대위(兼帶位)는 바로 '군·신·도'가 합의 한 경지임을 알 수 있는 부분이어서 좀 더 세밀하게 자신의 소회를 적었다. 나중에 사람들은 이 부분을 들어 조동선의 극치를 맛볼 수 있었다고 평하기도 하였으니 일연으로서는 의미 있는 작업이었다.

일연이 『조동오위설』의 편찬을 마치자 혜일은 일연을 청하여 차를 내어주며 덕담을 주었다.

"스님께서 찬(讚)하신 '조동오위설'에는 나라와 민족을 위한 마음이 가득합니다. 사실 지금 우리 불제자들이 가져야 하는 마음이 곧 신하가 가져야 하는 마음이고, 백성들이 가져야 하는 마음입니다. 선의 전통으로 보면 사실 수선사의 인물들이 먼저 해야 할 일인데, 저는 이것을 스님께서 하신 것이 다행이라 생각합니다. 이것으로 스님의 사상이 구산선문은 물론 남악(南岳)·청원(靑原) 계통도 거치고, 우리 보조국사(普照國師)의 수선사(修禪社) 계통까지를 포괄하고 있으니, 스님의 선사상이야 말로 매우 원융적(圓融的)이고 포괄적이라는 반증(反證)이 되었습니다.

특히 이 오위설을 군신과의 묘합(妙合)으로 이해한 점은 스님의 깊은 민족의식의 발로임을 저는 알 수 있습니다. 지금이 어떤 시절입니까. 오랑캐의 간섭은 날이 갈수록 심하고 우리 왕의 위상은 위태하기

짝이 없는 시절이 아닙니까. 그러니 긴 외침에 넋을 놓을 것이 아니라 이럴 때일수록 군신간의 단합과 백성들이 한마음으로 단합을 해야 할 필요한 시기입니다. 그것은 교권으로 다툼을 하는 우리 스님들도 부끄러움을 알고 올바른 정신을 차려야 한다는 채찍입니다."

"그리 말씀을 해주시니 부끄럽습니다. 제가 남해에 온지가 따져 보니 십 년 세월이 흘렀습니다. 이런 곳에서 스님처럼 정과 혜를 쌍수로 치열하게 탁마하는 분들과 교류하다 보니 제 생각이 거기에 가 닿았나 봅니다. 이곳은 바람도 땅도 만물의 심정도 모두 따뜻합니다. 그리고 서로 끌어 당겨 융성하고 있는 곳이지요. 그래서 내륙의 피폐함에서 잠시 벗어나 있었다고도 할 수 있지요. 하지만 몸이 좀 편안하다고 우리들의 심중이야 어찌 그렇습니까. 불제자로서 한 끼 한 끼의 공양이 무섭기만 합니다. 백성들의 삶은 여전히 아귀다툼에서 헤어나지 못하고, 군신의 의리도 각자의 이해관계에 비틀어지기가 다반사이다 보니 그 고통이 꿈속에까지 이어져서…… 저 오랑캐의 간섭에서 벗어나는 일은 오로지 불법 수호를 통한 단합된 한마음이 있어야 한다는 믿음을 주고 싶어 동산선사의 말씀에 껄끄러운 덤불 한 가닥을 얹었습니다."

"불법 수호를 통한 단합된 한마음이라, 참으로 귀중한 말씀입니다. 우리 태조께서 50여 년간 이어졌던 후삼국시대의 혼란했던 삼국을 통일하였던 것도 나누어진 땅덩어리의 통합은 물론이거니와 전쟁으로 핍박 받는 만백성의 평안과 복덕을 더 앞에 두지 않았겠습니까? 또 그 백성들의 화합된 한마음을 위해서 불교의 가르침과 지혜를 숭상하였던 것이지요. 당시 땅덩어리는 나누어져 있어도 이 땅에 사는 백성들의 마음엔 모두 부처가 모셔져 있었으니 태조의 그 마음도 통했을 것입니다. 지금은 외침으로 피폐해져 있는 형국이지만 이럴 때일수록 부처님의 가호를 받으며 살아간다는 것을 느끼고 깨쳐주는 노력이 필요합니다."

"그렇지요. 이 땅에 불교가 들어온 역사는 800여 년이 훨씬 넘습니다. 삼국 시대로 거슬러 올라가니까요. 삼국에 불교가 들어온 시초를 살펴보면 먼저 고구려를 말할 수 있지요.『고구려본기』에 보면 '소수림왕이 즉위한 2년 임신년(327년)에 전진의 왕 부견이 사신과 함께 승려 순도를 보내서 불상과 경문을 전했다고 되어 있지요. 그 이태 뒤에는 아도가 진나라에서 왔는데 왕은 초문사를 지어서 순도를 머물게 하고, 또 이불란사를 지어 아도를 머물게 했는데 그것이 고구려 불법의 시초다.'라고 적혀 있습니다. 그리고 『백제본기』에는 '제15대 침류왕이 즉위한 갑신년(384년)에 인도의 승려 마라난타(摩羅難陀)가 진나라에서 오자 나라에서는 그를 맞이하여 궁중에 머물게 하고, 이듬해인 을유년(385년)에 새 도읍 힌산주에 절을 지어 도첩(度牒)을 받은 승려 열 명을 두었다. 이것이 백제 불법의 시초다.'라고 적혀 있습니다. 또 신라는 『신라본기』와 〈아도화상비〉에서 신라에 불교가 전래된 기록을 볼 수 있지요.『신라본기』에는 '제19대 눌지왕(재임:417~457년) 때 사문 묵호자가 고구려에서 일선군 모례의 집에 머물면서 왕의 딸이 위독하자 향을 태워 낫게 하고 사라졌다. 또 21대 비처왕(재임:479~500년)

때 승려 아도가 시자 세 사람과 모례의 집에 왔는데 그 거동과 모습이 묵호자와 비슷하였다. 그는 그곳에서 제자와 불경을 강독했는데 신봉하는 사람이 많았다.'라고 전하고 있습니다.

이처럼 유구한 세월 동안 이 땅의 백성들은 불교를 믿음으로 삼고 부처님의 가호 아래 역사를 이어왔다는 것이지요. 작금에 대장경판을 조성한 것도 다 그 같은 부처님의 힘을 믿고 의지하기 때문이 아니겠습니까. 스님의 말씀처럼 외침으로 피폐해져 있는 지금이야말로 부처님의 가호를 믿고 희망을 가지고 살아가야 한다는 것을 깨우쳐주는 노력을 우리 승단이 해야 할 의무이기도 하다는 생각을 항상 하고 있습니다.

이 땅은 모두 전불시대부터 부처가 상주했던 곳이라고 하지 않습니까. 그 말을 입증하듯이 이전의 삼국 시대부터 모든 왕조는 불교를 신봉하고 부처님의 가호 아래 국가를 경영하였다는 것은 이 땅 곳곳에 남아 있는 가람들이 그 사실을 말해주고 있지요."

"그렇지요. 삼국 시대 이래로 불교의 융성과 부처님의 위엄은 전국에 남아 있는 사찰이 입증하고 있지요."

일연과 혜일은 불심이 흐트러지는 시절에 닿아 있음을 근심하며 불제자로서의 각오를 다짐하였다. 일연이 다시 말을 이었다.

"이 땅에서 불교역사를 말하면서 우리는 기록에 의존하여 고구려의 소수림왕 대의 순도(順道)와 아도화상을 말합니다. 하지만 우리 고려국 선대의 왕인 문종왕의 연간에 금관지주사였던 이가 편찬했다는 가락국의 이야기를 보면 불교는 이미 가락국의 수로왕 때부터 있었다는 것을 확인할 수 있어요.

그 금관지주사가 기록으로 남겨놓은 것을 보면 가락국을 세운 수로왕(43년)이 궁궐터를 정할 때 임시로 지은 궁궐의 남쪽 터를 가리키며 '이곳은 마치 여뀌 잎처럼 좁지만, 빼어나게 아름다워 16나한이 머물만한 곳이다. 더군다나 하나에서 셋을 만들고 셋에서 일곱을 만드니 7성이 머물만한 곳으로, 정말로 알맞은 곳이다. 그러니 이곳에 의탁하여 강토를 개척하면 참으로 좋지 않겠는가?'라고 쓰여 있어요. 16나한은 석가세존에게 불교를 전수받은 제자가 아닙니까. 당시에 수로왕이 나한이라는 존재를 알고 있었다는 것은 우리가 다시 해석해 보아야 할 부분입니다. 또한 7성이 머물만한 곳이라고 했는데 7성이라는 것도 바른 지혜를 가지고 견해가 훤히 통탈한 사람, 즉 수신행(隨信行)·수법행(隨法行)·신해(信解)·견지(見至)·신증(身證)·혜해탈(慧解脫)·구해탈(俱解脫)을 말하는 것이니, 모두 불교에서 해당하는 것들이지 않습니까. 그러니까 가락국의 수로왕은 자신이 세운 나라의 궁궐을 짓는 땅으로 부처의 제자들이 상주할 만한 곳, 불법을 따르는 사람이 상주하는 곳을 지정하여 그곳에 의탁하여 강토를 개척하면 참으로 좋겠다고 한 것입니다. 그러니 저는 옛날 금관지주사였던 이가 지었다는 이 글에서 우리민족에게 불교는 중국으로부터 전래 받은 그 훨씬 이전에 이미 자리하고 있었다고 봅니다."

"스님 말씀을 듣고 보니 그 부분은 다시 해석해볼만 합니다. 아도화상비에도 신라의 궁궐이 있던 경주에 전불시대 가람 터를 이야기하고 있지 않습니까?"

"그렇지요. 아도화상본비에 보면 고구려의 여인인 고도령이 고구려에 사신으로 온 조위(曹魏) 사람 아굴마와 사통하여 아도를 낳았는데, 아도가 19세가 되었을 때 아들인 아도화상에게 '신라는 전불시대부터 법수(法水)가 흐르는 땅으로 그곳에는 일곱 군데의 전불시대 가람 터가 있다. 그 일곱은 천경림, 삼천기, 용궁 남쪽, 용궁 북쪽, 사천미, 신유림, 서청천이다. 네가 가서 불법을 전파하면 마땅히 이 땅의 불교를 여는 사람이 될 것이다.'라고 하였다고 적혀 있지요.

그런데 그 일곱 군데가 지금의 흥륜사, 영흥사, 황룡사, 분황사, 영묘사, 천왕사, 담엄사이지요. 그러니 이 땅은 석가세존이 오시기 그 훨씬 이전인 전불시대 때부터 불법이 자리한 불국토가 맞는 것입니다. 저는 그렇게 믿고 싶어요."

"맞습니다. 그런 이 땅에 불심이 퇴색되고 있으니, 외침이 잦고 백성들의 삶이 고단합니다. 그것은 우리 승가에서도 통감하고 깊이 생각해야 할 일입니다. 스님께서 여러모로 애쓰시는 것도 다 백성들 삶에 불보살의 가피를 심어주어 온 백성이 평안을 얻게 되기를 바라는 염원임이 보입니다."

"함께해야 할 일이지요. 이처럼 스님과 함께 차담을 나누는 것도 저에게는 큰 복입니다."

"그런가요? 허허허."

혜일은 웃음으로 답을 하였다.

그렇게 가끔 혜일과 함께 남해의 따뜻한 기온 속에 여유로운 시간을 보냈다.

일연이 남해 길상암에서 『중편조동오위』를 편찬하고 혜일 등 수선사 승려들과 교류를 활발히 할 즈음에는 종파간의 보이지 않는 주도권 다툼으로 분열되었던 선교(禪敎)의 통합도 어느 정도 이루어져 어찌 보면 불국토를 재건한 것 같은 착각이 들었다.

하지만 그동안 끊이지 않은 오랑캐의 침략으로 백성들의 삶은 피폐할 대로 피폐해서 이제 백성들의 의식에서는 부처님의 가호도 믿지 못하는 세상이 되어 가고 있었다. 지금은 비록 오랑캐와 강화조약을 맺어 무자비한 침탈은 피했다고 하나 왕실은 무엇 하나 마음대로 결정하지 못하고 오랑캐의 나라인 원의 간섭 하에 놓인 상태는 여전하였다.

일연의 심중에는 오롯이 주권을 회복하여 왕실이 건재하게 되고, 만백성이 평안해야 한다는 염원뿐이었다. 만백성의 평안을 이루는 것은 한마음으로 부처의 가르침을 따르는 것이라는 걸 스스로 알고 있고, 예부터 전해져 오는 이야기에서도 증명이 된 일이다.

지난 삼국 시대에도 불교는 호국의 주체로 신봉되었다. 어디 삼국뿐인가. 일찍이 신라에 병합되었으나 이 땅의 남서쪽에서 백성들을 다스리며 400여 년 동안 왕국을 지켰던 수로왕이 세운 가락국도 불교를 근간으로 지탱된 국가라는 사실을 빼놓을 수 없다.

불교가 융성할 때 나라도 융성했으며, 백성도 평안했었다. 부처님의 가르침을 따르는 일에는 성상의 구별 없이 만백성의 한마음! 바로 그 한마음이었다. 그러나 그것은 쉬운 일이 아니었다. 삶에 지쳐 허덕이는 백성들은 글로 배우기보다 듣고, 보는 부처님이 절실한 것 아닌가. 비록 전설이라도 부처님의 가호가 미쳤던 이야기를 듣고 싶어 하고, 그 이야기의 주인공이 되고 싶어 한다는 것을 알 수 있었다.

문득 예전 대웅 장로가 들려주었던 조신 이야기와 포산의 성인 이야기가 떠올랐다. 조신과 포산의 성인들은 옛 신라국 때의 사람들인데 수백 년이 지났지만 아직도 전승되고 있다. 일연 자신도 그 이야기에 감동을 하여 그들의 이야기를 직접 종이에 새기기까지 하면서 길라잡이로 잡았던 시절이 어제처럼 다시 살아났다.

그래도 길상암의 시간은 평온의 연속이었다. 아침이며 저 멀리 아련한 곳에서 일어나는 해무를 보고, 저녁이면 바닷물을 붉게 물들이는 낙조에 취해 하루를 충만하게 보내고 있으니 길상암에서의 나날은 평온하고 여유로워서 일연에 있어서는 『대장수지록(大藏須知錄)』과 『게송잡서(偈頌雜書)』 등을 저술하는 시간이 되었다. 그러던 중 왕명이 내려왔다. 강화도 선월사에서 소임을 보라는 명이었다.

6년간 재임했던 고종이 승하하자 몽고에 강화를 청하기 위해 몽고에 가 있던 태자 식(植)이 본국으로 돌아와 왕위를 계승한 지 2년째를 접어들고 있었다. 나라는 지금 무오년(1258) 정변(政變)으로 최씨 무인정권이 종말을 고하고 형식적으로는 왕정복고가 이루어졌으나, 실권은 정변의 주체인 김준(金俊) 등이 장악하고 있었다. 또한 몽고군이 출륙

환도와 태자를 몽고로 보내라고 요구하며 4차례에 걸쳐 침입해오자 결국 몽고의 요구를 수락하기로 결정하던 시기에 즉위한 원종은 왕권의 회복과 신장을 위해 몽골 황실에 접근하는 등 적극적인 친선 정책을 취했다.

그런데 선월사는 무신정권의 수장인 최이가 원찰로 세운 절이다. 왕의 입장에서는 최씨 가문과 교분이 두텁고, 정림사에서 대장경을 조판할 때에 소임까지 맡았던 일연이 불교의 여러 문파와 교분을 나누고 있으니 대몽항쟁파인 무신정권 일가를 달래는 역할을 내심 주문하여 자신의 안위와 근심을 논의할 대상이 되었던 것이다. 그리고 더군다나 몇 해 전 편찬하였다가 작년에 간행한『중편조동오위』는 일연이 가지고 있는 나라와 백성에 대한 애정을 확인할 수 있는 것이었으니 가까이 있게 하고 싶었을 것이다.

선월사에서의 소임은 일연에게도 공부의 폭을 넓히는 기간으로 작용하였다. 이때 일연은 지눌의『수심결』에 영향을 받아 지눌의 법맥을 계승하였는데, 그 내면은 다른 정치적 관계도 있었다. 일연이 지눌의 법맥을 계승한 것은 가지산문(迦智山門)에서 사굴산문(闍崛山門)으로 법맥을 바꾼 것이 아니다. 원종을 옹위한 정치세력이 불교계를 통솔하기 위해 이전의 수선사 계통의 승려를 대신해 일연을 계승자로 부각시키려는 정치적 관계도 한몫을 했다.

선월사에서의 3년은 나름의 역할을 충분히 했다. 표면적인 불교계의 선과 교의 통합이 이루어졌다. 중앙정계와의 관계맺음은 당시 일연의 위치를 굳건히 다지는 계기가 되었다. 이를 배경으로 가지산문의 재건도 함께 힘을 쏟았다.

선월사의 소임을 마치고 강화도에서 내려오면서 장산 모친에게 잠시 들렀다. 몇 해 전 남해에서 강화로 갈 때에는 나라에서 보낸 군사의 호위를 받으며, 일행을 거느리고 움직였던 터라 그냥 지나쳤지만, 이제는 일신에 여유가 좀 생겼으니 모친이 계신 곳 가까운 곳에서 머물면서 산야를 주유하면서 좀 쉴 작정이었다.

참으로 이상한 일이다. 60여 년이 되는 세월이 흘러도 어머니는 그대로이다. 이미 쪼그라들고 기력이 쇠하고 있지만 일연의 눈에는 여전히 복사꽃 같은 그때 그 얼굴이며, 그 살 냄새이다. 모친은 새벽에 일어나 자신이 자고 있는 방을 향해 합장하고 허리를 숙인다는 것을 일연은 알고 있다. 그리고 잠들기 전에도 그 행위는 똑같이 이루어진다는 것도 알고 있다. 알면서 애써 말리지 않은 것은 어머니에게는 일연 자신이 세상이고, 부처이며, 어머니 그 자신이라는 것을 알기 때문이다.

사람을 불러 지붕도 손보고 허물어져가는 흙 담장도 여기저기 손을 봤다. 어머니는 잠자는 시간 말고는 그저 아들 곁을 졸졸 따라다녔다. 시자도 떼어내고 근 보름을 모친 곁에 머물렀다. 일신이 조금은 여유로워졌다고는 하나 여전히 왕실과 승단의 일에서 놓인 것은 아니어서 무작정 모친과 함께 있을 수는 없는 노릇이다. 그렇다고 모친을 모시고 어디를 다닌다는 것도 여의치가 않은 형편이었다. 지금 자신의 신분에서야 부처님 도량이라면 모친을 동행한다고 하여도 나라 어디를 간들 머물지 못하겠냐만, 그것은 모친이 허락하지 않는다. 나라의 신임을 받는 스님이 된 아들을 자신 곁에 두는 것은 천부당만부당한 일이라고 모친은 굳게 믿고 있었다.

"스님요, 부처님 밥을 먹는 사람이 어찌 그리 한가하시오? 이제 그만 갈길 가소."

모친 곁에 머문 지 열흘을 며칠 지나고 있을 때 점심상을 물리며 모친이 갑자기 그런 말을 하였다. 일연은 모친의 눈을 지그시 바라보며, 자신이 있어 불편하고 싫으냐고 물었다. 모친은 싫지는 않지만 조석 차리는 것도 그렇고, 힘이 드니 아드님은 이제 부처님 도량으로 돌아가시라는 말을 했다. 설마 밥 차리는 것이 힘이 들겠나, 아마 모친은 아들인 일연을 위해서라면 하루에 골백번도 밥상을 차릴 수 있는 사람이다. 하지만 귀하고 중한 사람을 자신 곁에만 붙들고 있어서는 안 된다는 생각을 하고 있으리라. 마침 일연도 떠날 참이었던지라 어머니가 힘이 든다니 내가 가야겠소, 라는 말로 모친과 같은 마음을 전하고 길을 나섰다.

유사(遺事)를 찾아서

삿갓을 쓰고는 있었지만 그의 행색을 감추기는 쉽지가 않다. 절 마당에 들어서자 기별도 없었는데 대중은 벌써 분주해지고 있었다. 일연의 행적은 이곳 오어사에도 알려져 있는 모양이었다.

"대선사께서 기별도 없이 어찌 이곳에 걸음을 하셨는지요?"

절의 주지는 혈기 왕성한 젊은 시자 하나를 거느리고 뛰듯이 나와서는 황급하게 맞아주는 인사를 올렸다.

"이번에 폐를 좀 끼치고자 왔습니다."

"우선 안으로 드시지요."

주지의 안내를 받아 그는 잘 꾸며진 방으로 들었다. 언뜻 보기에 일연과 같은 연배로 보이기도 하는 주지는 자신의 거처임에도 그리 편안한 기색이 아니었다. 갑자기 나타난 일연 스님의 행보가 궁금하기 짝이 없고, 혹 자신에게 무슨 허물이 있어 책망하러 온 것은 아닌지 의심하는 마음이 생기기도 한 모양이다. 그 기색을 눈치챈 일연은 서둘러 자신이 방문한 뜻을 알렸다. 사실 오래전부터 이곳 운제산(雲梯山)

에 들어 좀 쉬고 싶은 마음이 있었는데 마침 여유가 생겨 오게 되었다는 것과 그래도 이곳 운제산에 있는 절집 중에는 오어사가 좀 형편이 나은 것 같아서 뒷방 한 칸 얻어 쓸 수 있을까 부탁한다고 하였다.

주지는 미간을 잠시 움츠리는 것 같더니 부탁은 무슨 부탁이시냐고 당연히 방을 내어드리겠다고 말하고는 서둘러 조금 전의 그 시자를 불러 조사당에 거처 자리 준비하라고 일렀다. 찻잔에 차가 대여섯 번 따라지고 찻주전자의 찻물이 다 식었을 때쯤 시자가 문 앞에서 방 준비가 끝났다고 일렀다.

일연은 무언지 불편한 기색이 역력한 주지에게 좀 미안한 마음도 들었지만 크게 개의치 않기로 하고 방문을 나섰다.

"앞으로 대선사께서 여기 계실 동안 무극 자네가 시중을 들어라."

"예? 예."

"굳이 시중 들 사람까지 필요치 않습니다. 그저 방 한 칸이면 됩니다."

"어찌 그리하겠습니까. 한동안 계시면서 여기 오어사 방에만 계실 것도 아니고 운제산 곳곳을 둘러보시려면, 따르는 아이 하나는 데리고 다니셔야 좀 편안할 겁니다. 그래야 소승도 안심이 되지요."

아마 주지스님은 일연이 오어사에 온 것이 그리 편하지 않은 모양이었다. 저 말의 뜻은 오어사에만 있지 말고 이곳저곳 다니면서 거처를 자주 비우라는 의도가 있는 것이리라. 하긴 자신이 관장하는 곳에 윗선인 누군가가 있으면 신경이 쓰이게 마련 아닌가. 일연은 자신의 안

일했던 생각이 이곳 주지에게 무례를 범했다는 생각이 그때서야 미쳤지만 이미 일은 진행된 상황이었다. 이제 와서 이 산 어디 초막을 칠 수도 없고, 또 이곳에 방 한 칸을 내어 달라고 주문까지 하고 그 주문이 받아들여진 상황까지 이루어진 다음이 아닌가.

"여러 가지 마음을 쓰게 해서 미안합니다."

일연은 합장으로 답례를 하고 시자를 따라 그곳을 나왔다. 방 한 칸이라고 하였지만 시자가 안내한 곳은 두 칸짜리 전각이었다. '조사당'이라는 당호가 현판으로 걸려 있었지만 불당도 없고 벽에 누군지도 모르는 진영 두 개가 걸려 있는 그런 전각이었다. 아마 오래 비워둔 곳인 모양인데 방금 갖추어둔 것 같은 침구와 작은 책상이 놓여 있었다.

"스님, 우선 짐을 푸시고 필요한 것은 차차로 갖추도록 하겠습니다."

"고맙네, 필요한 것이 더 무엇 있겠는가? 잠자리 있으면 되었지."

"공양은 제가 따로 올리겠습니다."

"그럴 것 없네. 대중하고 같이 하면 될 것을, 그런데 자네는 어디에 거처하는가?"

"대중 방에 함께합니다. 염려 마십시오. 때 맞춰 제가 드나들겠습니다."

"음. 괜히 고생이겠구먼. 그러지 말고 여기서 함께 지내시게. 두 사람 거처하기에 좁지도 않고, 잠시 나와 지내시면 내 그 값은 치를 것이니."

어리둥절 하는 젊은 스님을 앞에 앉히고 일연은 찬찬히 바라보았다.

진중하고 총기가 있어보였다. 출가한 지 20년이 가깝게 다가온다는 그는 아직 젊다. 아홉 살에 어머니 손에 이끌려서 부처님 품에 들어왔다고 하는데, 인연이면 인연이었다.

일연이 운제산 오어사(吾魚事)를 찾은 때는 나이 육십을 코앞에 둔 가을이었다. 일연이 오어사를 찾은 것은 나름 생각이 있어서이다. 오랜만에 가지는 소임 없는 여유로운 일상을 다른 곳에 좀 두고 싶어서이다. 운제산은 불교가 가장 융성하였던 신라 때의 땅이며, 당시 선승이었던 자장, 의상, 원효 등 대 선사들의 흔적이 있는 곳이다. 특히 오어사는 앞선 시대에 삼국이 한창 영토 다툼으로 전란이 잦았고, 이 땅덩어리를 하나로 통일시키던 시절 그 전란의 와중에 가장 민초들의 삶에 가까이 다가가 그들을 위무하였던 원효(元曉) 스님과 혜공(惠空) 스님이 머물렀던 곳이다.

지금 오랑캐 나라의 간섭으로 왕실의 권위가 불안하고, 오랜 전란으로 백성의 삶이 피폐해져 있으니 일연에게는 지금 고통 속에 있는 백성을 쓰다듬는 그 무엇이 필요했다. 불교에서 점점 멀어지는 백성들에게 옛날의 원효 스님처럼 부처님의 가호를 전하고 싶었다. 일연은 마음속에 품고 있던 원효를 여기서 만나고 싶었다. 원효라면 무슨 해답을 줄 것만 같았다.

오어사에 짐을 풀고 나서 일연은 자신의 시봉을 들게 된 무극을 데리고 절 앞으로 흐르는 냇가로 내려갔다. 시냇물은 운제산 골골에서 내려온 물들이 모여 흐르고 있었다. 맑은 물속에는 간간이 작은 물고기가 노닐고 있었다. 그 옛날 원효와 혜공은 이 냇가에서 새우와 물고기를 잡아먹고 똥을 누니 고기가 살아서 나왔다나 뭐라나. 그런 전설이 내려온다는 것을 얼핏 들었던 기억이 났다.

"이보게 무극."

일연은 발아래 돌 사이를 조심조심 걸으며 뒤따르는 무극을 돌아보며 불렀다. 무극은 깜짝 놀라는 눈을 하고 고개를 들었다.

"여기 흐르는 물속에 노는 물고기가 자네 눈에도 보이는가?"

무극은 조심하던 발걸음을 빨리하여 물 가까이 다가가 한참을 들여다보더니 상기된 표정으로

"스님, 보입니다. 하, 자세히 들여다보니 물고기가 엄청 많이 있습니다."

하고 웃는 얼굴로 소리쳤다.

"그래? 원효 스님 물고기는 몇 마리가 있는가?"

"원효 스님 물고기요? 스님, 그런 물고기도 있습니까? 저는 여태까지 원효 스님 물고기가 있다는 말을 못 들어보았습니다."

무극은 정말 희한한 소리를 한다고 생각하며 매우 의심쩍은 말투로 일연이 원효 스님 물고기를 찾아보라는 말이 어이가 없다는 투로 되물음을 하였다.

일연은 그런 무극을 손짓으로 냇가 바위에 앉으라고 부른 뒤 자신도 그 옆에 자리하고 앉았다. 그리고는 왜 원효 스님 물고기가 여기에 있는지에 대해서 구전되어 오는 이야기를 시작했다.

"그 옛날 신라적 혜공 스님이 여기 오어사에 머무르실 때 원효 스님이 자주 찾아와서 서로 법담을 나누며 잘 지내셨다고 하네. 전해오는 말에 의하면 그날도 원효 스님이 혜공 스님을 찾아와서 둘이 이 냇가에 와서 물고기를 잡아 국을 끓여먹고 놀았다네. 그러다가 두 사람이 똥을 누었는데 그때 혜공 스님이 '자네는 똥을 누고 나는 물고기를 풀어 놓았다.'라고 하자 원효 스님이 '지금 헤엄쳐서 가는 저 물고기는 내가 눈 똥이다.'라고 받아쳤다네. 그때 두 양반은 서로 지금 헤엄치고 있는 물고기가 내 물고기라고 했다지 무언가. 그런데 당시 사람들은 취한 바와 버리는 바의 분별심을 논하는 그 뜻은 헤아리지 않고, 단지 서로 '자기 고기'라는 그 말(소리)만 취하여서 절 이름을 '나의 고기[吾漁]' 라는 뜻으로 오어사로 불렸다고 한다네. 그러거나 말거나 지금 이 냇물에 헤엄치고 있는 물고기들 중 그때 여기서 농을 하며 노시던 두 스님의 똥구멍으로 나온 후손들이 있지 않겠는가. 아마 분명히 있을 것인즉, 자네가 한번 찾아보게나. 허허."

농처럼 이어가는 이야기를 아주 진중하게 듣고 있던 무극은 농인 듯 진담인 듯 답을 했다.

"예, 스님 제가 기필코 선대의 훌륭하신 조사님께서 방생한 물고기를 찾아보겠습니다."

"그래? 그럼 찾아서 어떻게 하려고? 우리도 국이라도 끓여서 먹을까? 어디 보자. 그런데 장작도 솥도 갖추지 않았는데 어쩌누."

"솥도 없는데 국 끓여 먹고 방생하나 그냥 방생하나 방생은 방생이니 물고기 잡아서 손에 담았다 눈으로 먹고 바로 방생하지요. 뭐, 스님께서 괜찮으시면…"

일연의 시험에 무극은 제법 장단을 맞추었다. 일연은 빙그레 웃음이 나왔다. 마음에 드는 인물이었다. 절의 주지가 허락하고, 본인이 뜻이 있다면 앞으로 데리고 있고 싶은 욕심이 생겼다. 오어천의 물은 유난히 물비늘이 반짝인다. 그것은 운제산의 골짜기 골짜기에서 불어오는 바람을 물이 고스란히 받아들이기 때문일 것이다.

일연이 그런 물비늘을 바라보며 앞서 이곳에서 발자취를 남겼다는 혜공 스님에 대해 생각했다. 혜공 스님은 왕실이나 귀족과는 어울리지 않고 천촌만락을 누비며 민초들과 함께 어울렸던 사람이다. 전언에 따르면 그는 항상 술에 취해 있었으며 등에 삼태기를 지고 다녔다고 한다. 그의 그런 행색에 사람들은 그를 '부궤화상(負簣和尙)'이라고 불렀다고 하니 그가 얼마나 민초들과 가까이 있었는지 알 수 있다.

혜공은 당시 혜숙, 대안, 원효 등과 같이 소위 아웃사이더였다. 후대에까지 그 이름이 남아 있는 인물의 행장을 보면 대부분 흔하게 나타나는 것이 그 인물의 행적이 신이하거나 기이한 것이 따라온다. 혜공도 예외는 아니다. 혜공의 이름은 우조였는데 어려서부터 남달랐다고 한다. 한 번은 그의 어머니가 품을 파는 집의 주인인 천진공이 몸에 종기가 나서 백방으로 치료약을 찾았으나 고치지 못하다가 우조가 그의 침상 옆에 앉아 있는 것만으로 종기가 터져 나왔다는 일화가 있다. 이처럼 혜공에 대하여 상식적으로 납득이 가지 않는 신비한 이야기는 그가 살았던 때부터 지금까지 사람들의 입에서 입으로 전해지고 있다. 그 이야기 중에는 우물에 관한 것도 있는데, 혜공은 종종 절의 우물 속에 들어가 몇 달 동안 나오지 않았다고 한다. 그러다가 우물에서 나올 때는 옷이 하나도 젖어 있지 않았다는 것이어서 혜공이 우물 속에 들어가서 사는 신비한 존재로 당시 사람들은 믿었다.

또 선덕여왕을 사모한 지귀라는 인물로 인해 화재가 일어났다는 영묘사 사건에서도 혜공의 신이한 면을 볼 수 있다. 그날 그 시간 영묘사에 화재가 날 것을 혜공은 미리 알고 경전을 보관하는 경루와 남문의 낭무(廊廡)를 새끼줄로 묶어 두었는데, 그곳은 불에 타지 않았다고 하니 신비로운 힘을 가진 인물임에 분명한 것이다.

하지만 일연이 지금 혜공을 생각하는 것은 그런 신기한 그의 행적이 아니다. 품팔이 여인의 아들로 태어나 어떻게 공부를 했으며, 당대의 석학인 원효와 신인종(神印宗) 조사(祖師)인 명랑(明朗) 같은 승려들과 대적할 수 있었는지 궁금했다. 어쩌면 혜공 자신이 한 말처럼 그는 후진(後秦)의 승려인 승조(僧肇)의 후신인지도 모른다는 생각이 들었다. 부처님 법을 잇는 제자는 시공을 초월하여 어디든지 나툰다는 사실을 믿고 싶어졌다.

운제산 골바람에 따라 물비늘은 상념에 상념을 더했다. 생각은 혜공에서 어느덧 원효에게로 넘어가 있었다. 일연 자신이 꿈에서라도 만나고 싶고 닮고 싶은 원효, 이제는 몸도 마음도 늙어가는 중이지만 일연은 원효 스님을 생각하면 여전히 가슴이 쿵쾅거린다.

원효는 일연이 태어난 곳인 장산현 사람이다. 원효가 살았던 때에는 장산을 압량이라 불렀다고 한다. 이름이 무슨 의미가 있으랴 장산이 압량이고 압량이 장산 아닌가. 물고기가 똥이고, 똥이 물고기인 것처럼 시절 따라 이름만 바뀌었을 뿐 땅은 그 땅이다. 굳이 지기(地氣)의 동질에서가 아니라 불가에 들고부터 일연은 원효 스님을 흠모했다.

세간에 남아 있는 원효의 이야기는 재미를 넘어 가르침을 준다. 호사가들의 안줏거리가 되기도 하고, 지금까지 찬반의 논란에 있는 원효 스님과 요석 공주와의 사건도 그 내막을 들여다보면 아주 치밀한 원효 스님의 계획이 있음을 알 수 있다. 일연은 그렇게 해석하고 있었다. 그 사건의 내막을 700년이란 세월이 흐르고 있음에도 사람들은 본 것처럼 이야기한다.

그 이야기는 이렇다. 그때 원효는 저잣거리를 다니며 '누가 자루 없는 도끼를 빌려주면 내가 하늘을 받들 기둥을 찍어 보겠다.'라는 노래를 부르고 다녔다고 한다. 사람들은 아무도 그 말을 이해할 수 없었으나, 당시 왕이었던 무열왕 김춘추는 단박에 알아차렸다고 한다. 원효의 그 노래에 숨은 뜻은 장가를 가서 훌륭한 인물을 낳겠다는 것임을 알고 마침 과부가 되어 요석궁에 머물고 있던 자신의 둘째 딸인 아유다 공주와 인연을 맺도록 했다고 한다. 그리고 사실 원효는 아유다와의 사이에서 신라 10현에 속하는 설총이라는 위대한 인물을 낳았다.

불가의 계율로 보면 파계이다. 그러나 또 다른 눈으로 보면 왕실의 일원이 되는 일이다. 일연은 이 대목에서 생각을 한참 머물렀다. 그러면서 자신이 원효가 되어 들여다보았다. 그리고 두 손을 가슴에 모으고 오어천 물결을 바라보며 고개를 숙였다.

원효가 요석궁의 공주를 하룻밤 품에 안았던 것은 수만 가지의 얼개가 있었으며, 궁극에는 모두가 부처의 법을 알게 하는 불국토 건설이었다. 당시에는 성행하였던 불교는 원광, 자장 등 귀족 출신의 승려들이 주도하고 있었으며 그 교화도 왕실 중심으로 사실 일반 백성들과의 사이에 괴리가 컸다. 그러한 때에 아웃사이더로 떠돌던 원효가 공주와의 결합으로 왕실의 일원으로 진입한 것은 일신의 영달이 아니었다. 원효는 공주와의 며칠 밀회로 설총을 낳고는 그 사실을 스스로 공포하면서 의복도 승복이 아닌 평복으로 갈아입고 스스로 소성거사(小姓居士)라 칭하고 다녔다. 그리고는 광대들이나 가지고 다니는 호로박을 구해 그것을 치면서 '일체무애인(一切無碍人) 일도출생사(一道出生死), 나무아미타불'이라고 춤을 추며 돌아다녔다. 숯을 굽는 숯가마나 옹기를 만드는 옹기장은 물론 누에를 치는 잠실까지 산과 들 천촌만락을 한 군데도 빠뜨리지 않고 돌아다니며 나무아미타불만 외우고 살면 괴로움에서 벗어나고 정토에 태어날 수 있다고 교화하고 다녔다.

원효의 그러한 자취로 이제 모든 사람들이 부처님을 믿고 나무아미타불을 노래처럼 주문처럼 입으로 부르게 되었다. 이로써 원효는 왕실과 백성의 일원화를 몸소 보여주었고, 황실 불교를 민중불교로 바꾸는 화엄의 물결을 만든 것이다.

저녁 예불을 알리는 범종 소리를 듣고서야 일연은 무극을 앞세우고 거처로 돌아왔다. 오어사의 범종 소리는 종루에서 터져 나와 마치 산안개 번지듯 산을 타고 오른다. 그렇게 은은히 저 뒷산 절벽 끝에 있는 자장암까지 가 닿는 모양이다. 범종 소리가 중생계의 모든 업장을 소멸시키는 동안 향 한 자루가 탔다. 그렇게 오어사의 첫 밤을 맞았다.

다음 날 아침 공양은 끝내고 일연은 주지의 처소로 발걸음을 옮겼다. 주지는 지난번과는 다르게 여유롭게 맞아주었다. 찻잔을 나누며 운제산에 깃든 부처님의 광명은 이 오어사가 펼친다는 덕담을 의도적으로 건네며, 그 일은 전적으로 주지스님의 역량이란 말도 덧붙여 했다. 그것은 사실이기도 했다. 이곳에 불자들의 발걸음이 끊이지 않고, 무극 같은 수자들이 또릿또릿한 정신을 가지고 있는 것을 보면 그래도 소임을 맡은 사람이 잘 이끌고 있다는 방증이기도 하다.

"부탁을 하나 드릴까 합니다."

건네주는 찻잔을 비우며 일연은 조심스레 말을 건넸다. 주지는 또 무슨 일인가 하는 표정을 숨기지 않으면서 뜨악한 표정을 지었다.

"실은 저 무극 수자에 대한 일입니다만…"

"왜, 그 아이가 예의 없이 굴었습니까? 다른 아이로 바꾸셔도 됩니다."

일연이 말이 끝나기도 전에 주지는 자신의 문제가 아니라는 안도에 미루어 짐작하여 말을 받아쳤다.

"그런 것이 아닙니다. 그런 것이 아니고 사실 저 무극 수자를 내 사람으로 들이면 좋겠다는 생각이 들어서, 내가 좀 데리고 다닐까 해서

의중을 물어본 것입니다. 여기 사중의 일꾼을 뺏는 것 같기도 하여 조심스럽습니다만, 나도 이제 곁에서 시중들 아이 하나 두고 다닐까 하던 차에 이번에 눈에 들어온 아이이니 스님께서 허락하시면 그렇게 할까 합니다만."

"아, 예. 저 아이가 공부도 제법 이루었고, 또 진중하니 괜찮은 물건이지요. 하하 본인과도 이야기를 나누었습니까?"

"본인 의중은 아직 물어보지를 않았습니다. 우선 스님 뜻을 먼저 알아봐야 하지 않겠습니까."

"어려서 여기 들어와서 잘 살고 있지요. 총명하고…. 말 그대로 중물이 제대로 든 놈입니다. 저도 큰어른 밑에 공부하면 더할 나위 없는 복이지요."

첫인상과는 달리 주지는 나름 사리를 잘 판단하는 사람이었다. 무엇을 따지거나 욕심을 부리거나 하지 않는 성품이었다.

"선사께서 구워먹든 삶아 먹든 저놈 요리해드시지요. 아마 저도 좋아할 겁니다."

주지는 기분 좋게 웃으며 일연의 마음을 한결 편안하게 해주었다. 어쩌면 자신이 거두고 있는 아이를 일연 스님이 마음에 들어 한다는 그 사실이 기분 좋은 것인지도 모르는 일이다.

무극은 그사이 일연의 옷을 빨아서 조사당 뒤편 바지랑대에 널고 있었다. 일연이 다가오는 것을 보자 얼른 젖은 손을 털며 무슨 분부가 있으시냐고 물어왔다.

"포행을 나갈까 하는데 가다가 넘어질까 두려워 지팡이를 찾네 그려."

"눈 달린 지팡이 대령입니다."

말이 땅에 떨어지기도 전에 단번에 일연의 말을 알아차리고 성큼 다가와 차렷 자세를 하고 지팡이를 자처했다. 참 재바르고 볼수록 마음에 들었다.

일연은 오랜만에 큰소리로 웃고는 무극을 앞세우고 일주문을 빠져나왔다. 운제산의 봄은 진달래꽃으로 시작된다. 무극에게 포행하기 좋은 길을 안내하라고 이르니 가파르긴 하여도 절 뒤쪽 깎아지른 듯 솟은 바위에 앉은 자장암(慈藏庵)에 한 번 가 보시는 것이 어떠냐고 한다. 자장암이라 이름하고 있으니 자장율사가 기거했던 곳일 터, 당연히 가봐야 할 곳이 아닌가. 이곳에서 올려다보면 천 길 위 허공에 매달린 것처럼 보이는 곳이다. 산안개라도 피어오르는 날이면 아마 천계에 든 것 같으리라. 일연은 좋다는 표시로 고개를 끄덕이며 무극에게 앞장서라는 손짓을 하였다.

봄날 생기 충만한 산길을 걷는 것은 기분 좋은 일이다. 군데군데 나무뿌리가 엉켜 있고 사람의 발길이 뜸하였음을 보여주는 산길에 접어들면서 일연은 앞서간 선지식과 그들의 불보살심을 생각했다. 자장 스님은 저렇게 날카로운 바위 꼭대기에 전각을 짓고 관세음보살님을 모셨다. 그가 관세음보살님과 저 꼭대기에서 나누었던 이야기는 무엇이었을까? 당나라로 건너가 문수보살을 친견하고 석가세존의 진신사리를 가져와 이 땅에 금강계단을 세우라는 명을 받았을까? 자장 스님이 당시 당나라 오대산에서 문수보살을 친견하고 부처님 진신사리를 받아와서 이 땅에 불국의 축대를 쌓았던 것은 지금 내가 찾아가고 있는 자장암에서의 수행부터 아니었을까? 불현듯 이곳 운제산의 운제(雲梯)라는 이름에서 나타나듯이 구름사다리를 타고 노닐었던 옛 조사들의 향기가 코끝으로 스며드는 착각이 일었다.

"스님, 좀 가파릅니다. 제가 손을 잡아드릴까요?"

앞서던 무극의 말에 걸으며 꾸었던 혼몽에서 깨어났다. 앞을 보니 참으로 가파른 길에 접어들었다. 그리고 코앞에 단청색이 바랜 전각이 닿을 듯 다가왔다.

일연은 심호흡을 했다. 자장암에 오르고 보니 600여 년이 흐른 지금까지 자장 스님은 향기가 가득 남아 있다는 것을 몸으로 느끼게 되었다. 새삼 시대를 앞서서 이 땅에 왔다 간 조사님들의 향기는 긴 세월이 흘러도 사라지지 않는다는 것을 알았다.

전각 뒤로 돌아 나와 산 아래를 바라보듯 앉아 있는 조금 평평한 바위에 일연은 앉았다. 무극도 말없이 그 옆에 앉아 일연의 안색을 한번 살피고는 시선을 허공으로 두고 있었다.

그런 무극을 보며 일연은 생각했다. 지금 이 아이는 무엇을 보고 있으며, 무슨 생각을 하고 있을까. 나는 지금 600여 년 전에 이곳에서 수행하였던 자장 스님을 생각하고 있지만 저 아이는 어쩌면 600여 년이 지난 후의 세상을 생각할지도 모른다. 그런 생각 끝에 뜬금없이 오늘 나와 저 아이가 함께한 이 시간은 600여 년 뒤에도 이곳에 남아 있을까라는 생뚱맞은 상념도 따랐다.

"이보게, 무극."

"예, 스님."

무극은 얼른 일어나며 부르는 소리에 대답을 했다. 대선사이신 일연 스님이 오어사에 잠시 짐을 부리셨고, 그에 더해 이곳에 계실 동안 자신이 시봉을 한다는 사실에 뿌듯한 마음을 감출 수 없었던 무극은 지금 너무 행복했다. 그리고 오전 포행 길을 자신의 의견대로 자장암으로 왔으니, 단 1초라도 어른스님의 시야에서 벗어나면 안 된다고 다짐하고 있던 터여서 대답이 용수철 튀듯 나온 것이다.

"허허, 무에 그리 놀라느냐. 다시 앉아 보거라."

무극이 민망한 웃음을 지으며 공손히 합장하고 그 자리에 다시 앉자 일연은 마음속 이야기를 하기 시작했다.

"내가 오어사를 찾은 것은 정해진 무엇이 있어서가 아니라, 여기쯤에서 한 숨 돌리면 좋겠다는 생각이 나를 이곳으로 이끌었다네. 오고 나서야 알 것 같구먼. 아마 자네를 얻고자 한 인연인가 싶네. 어떤가? 자네 이제부터 나와 함께 살아가세. 내가 이제부터 여기저기 좀 다니고 싶은데, 오늘 내 지팡이를 자처했으니 앞으로도 내가 가는 길에 자네를 좀 짚고 다녀야겠네. 허락하겠는가?"

무극은 자신의 귀를 의심했다. 선사께서 이곳 오어사에 계실 동안만 시봉을 드는 것도 자신에게는 참으로 행운이라는 생각이었는데 앞으로 계속 같이 있다는 것은 일연의 문하에 자신을 거두어준다는 것이 아닌가. 뒤를 돌아볼 이유가 없었다. 눈물이 핑 돌 정도로 감격한 순간인 것이다.

"스님, 제가 많이 모자라지만 성심으로 모시겠습니다."

자리에서 벌떡 일어나서 예를 올렸다.

"고맙구만, 나한테 배울 것은 없을 것이고 같이 다니면서 구경이나 하세나."

일연은 이 진중하고, 호기롭고, 총명한 제자를 얻은 것에 내심 기뻤다.

그렇게 일연과 무극은 운제산 자장암 바위에 앉아 스승과 제자의 인연을 맺었다. 일연은 자리를 털고 일어나 무극을 앞서게 하고 자장암을 벗어났다.

내려오는 길은 가뿐하였다. 심하게 비탈진 곳은 주위의 나뭇가지를 잡아 발걸음의 균형을 잡았고, 다소 수월한 곳에서는 내 사람이 된 무극의 등을 바라보며 발걸음을 더했다. 자신은 한 번도 스승인 무정에게나 은사인 대웅 장로에게 듬직한 등을 보여주지 못했다. 오로지 자신의 공부에만 몰두하였고, 자신의 일에만 몰두하여 평생 그분들의 등에 업혀만 있었다는 사실을 새삼 깨달았다. 앞서 가는 저 아이의 등이 새삼 부럽다는 마음이 일어났다. 오래전 자신은 무정 스님과 대웅 장로에게 어떤 모습의 등을 보였을까? 나이 탓인지 그분들의 그늘이 새삼 그리웠다. 기회를 잡아 진전사에 한번 다녀와야겠다는 생각을 했다. 잠시 쉼 호흡을 하고 나는 과연 무엇을, 그리고 누구를 업고 갈 것인가? 상념은 상념으로 이어져 이 땅의 불교 역사에서 앞선 선자들의 굽은 등과 그들이 업고 길을 떠났던 수많은 불제자들의 행로를 관습하게 되었다. 포행을 마치고 돌아온 오어사 안 마당은 봄 햇살이 가득했다. 눈 들어 주위를 둘러보니 진달래가 한창이어서 붉은빛도 가득했다.

며칠 후 일연은 무극을 지팡이 삼아 경주를 찾았다. 경주는 전불시대부터 부처가 상주했던 땅이라고 전해지는 곳 아닌가. 그리고 부처의 세계를 그대로 펼쳐놓은 불국사라는 대 사찰을 비롯하여 곳곳에 장엄하게 남아 있는 부처님 도량이 즐비하니 생각만으로도 희열을 느낀다.

지금 두 사람이 서 있는 곳은 분황사 모전석탑 앞이다. 일연이 분황사를 찾은 것은 원효를 흠모하는 마음이 앞선 까닭이다. 원효는 여기서 『화엄경소(華嚴經疏)』와 『금강경소(金剛經疏)』를 집필하지 않았던가. 특히 그가 〈금강경〉을 해설한 『금강경소』는 당시 당나라는 물론 바다 건너 왜국까지 널리 알려져 그들은 원효를 용수보살의 현신으로 칭하였다. 왜국에서는 청구보살로 당나라에서는 해동보살로 부르며 흠모하였다. 그런 원효대사께서 오래 머물며 후대를 위해 수많은 저작물을 집필한 곳이니 어찌 여법하지 않은가.

까마득히 올려다 보이는 탑신은 장엄하다. 한 장 한 장 격을 맞춰 까마득히 쌓아 올린 탑은 강산이 수십 번이 바뀌는 동안에도 불심을 고스란히 간직하고 있다. 분황사의 장엄은 그뿐만 아니다 관음전 북쪽

벽에 그려져 있는 관세음보살상은 또 어떤가. 이 보살상 앞에서 기도하면 눈 먼 장님도 눈을 뜬다는 전설이 있다. 그 이야기는 지금도 세간에서 전해지고 있는 유명한 이야기이다.

경덕왕 때 한기리에 사는 희명(希明)이라는 여인에게는 아들이 있었는데, 다섯 살 때에 눈이 멀었다고 한다. 희명은 아들을 안고 이 보살상 앞에 가서 아이에게 노래를 지어 빌게 했더니 아이가 눈을 떴다는 이야기인데 일연은 무극을 데리고 그 전설이 전해지는 관음전 앞으로 갔다. 그리고 전각 북쪽 벽에 희미하게 남아 있는 관음보살상을 가리키며, 그 이야기를 들려주었다.

"스님, 그럼 그 노래는 어떤 것이었나요? 어떻게 하고 어떤 노래를 불렀기에 그림 속 관음보살님께서 장님 눈을 보이게 해주었을까요?"

이야기를 듣던 무극이 물었다. 사실 궁금할 것이다. 어떻게 벽에 그려진 그림이 소원을 들어줄 수 있단 말인가. 하지만 일연은 그 사실을 믿는다. 자신도 어린 날 진전사에서 직접 체험하지 않았던가.

"왜 단지 지어낸 이야기 같으냐?"

"그런 것이 아니라 그 노래가 궁금하옵니다."

"무슨 교언영색이라도 있었던 것이 아니다. 그저 이 보살상 앞에 무릎을 꿇고 이렇게 아뢰었다고 하네.

'무릎 꿇으며 두 손바닥을 모아 천수관음 앞에 축원의 말씀 올리나이다. 천개의 손과 천개의 눈을 가졌으니 하나를 내놓아 하나를 덜기를 바랍니다. 눈이 둘 다 없는 저에게 하나만 주어 고쳐 주시옵소서. 아

아, 저에게 가피 주시면 그 자비심 끝이 없나이다.'

어떠냐? 그 눈 먼 아이의 간절함이 보이지 않은가. 천수대비(千手大悲)시여, 당신께선 천 개의 손과 천 개의 눈을 가지고 계시니 그중 하나를 내주어 눈이 둘 다 없는 저에게 하나를 주어 고쳐주십시오라고 말일세. 관세음보살님은 천수천안을 가지시어 모든 중생의 고통을 덜어 주시니 그렇게 빈 것이지. 사람들은 믿기도 하고 믿지 않기도 하지만 눈에 보이지 않는다고 어떤 일이 일어나지 않는 것은 아니라네. 관세음보살님은 고통 받는 중생이 있는 곳이면 어디든지 가리지 않고 나투신다네. 이따가 우리가 들를 중생사(衆生寺)에도 관세음보살님과 함께 전해오는 이야기가 있다네. 중생사엔 관음보살석상이 있다네. 그 보살상은 신라 말엽에 최은함이란 사람과의 인연이 전해지는 곳이지."

"예, 스님. 최은함이란 사람은 정말로 실존했던 사람이었습니까?"

"허허, 내 눈으로 직접 본 바가 없으니 실존한 것인지 나야 모르지. 다만 그의 후손이 우리 태조께서 나라를 경영하실 때 「훈요십조」를 지어 올린 문신 최승로라고 하니, 아마 전해지는 그 이야기도 거짓은 아닐 테지."

"스님, 그 이야기 좀 들려주십시오."

"암 들려주다 뿐이겠는가. 잘 기록해 두어야 할 것인즉, 먼저 법당에 들러 부처님을 뵙고……."

말끝을 남기며 일연은 무극을 데리고 우물 옆에 우뚝하게 서 있는 원효대사를 기리는 비석 앞을 지나 법당으로 향했다. 원효대사비는 명종 임금께서 '대성화쟁국사(大聖和諍國師)'라는 시호를 내리고 세운 것이다, 라는 설명을 곁들이며 위풍당당 서 있었다. 대성화쟁이라……, 일연은 이 글귀를 속으로 새기며 법당으로 들어갔다.

이곳에도 무극에게 보여줄 것이 있다. 영단 옆에 모셔져 있는 소상은 원효대사 소상으로 전해지는데, 고개가 돌려져 있다. 전하는 바에 의하면 원효의 아들인 설총이 원효대사가 입적하자 유해를 가루로 만들어 저 소상을 만들어 모셨다고 한다. 설총이 여기에 와서 예배를 드리고 나가면 소상이 고개를 돌려 아들의 모습을 보았다고 하는데 고개를 돌려 아들을 바라보는 모습으로 지금도 고개를 돌린 채로 있다.

일연은 가슴 저 깊은 곳에서 솟아오르는 희열에 잠시 몸을 떨었다. 신라의 십성(十聖) 중 한 사람과 십현(十賢) 중 한 사람이 부자지간으로 이 장엄하고 아름다운 곳에 흔적을 남겨 후대에 귀감이 되고 있다. 새삼 원효가 파계의 오욕을 감수하고 아들 설총을 낳았던 것은 나라의 기둥을 삼기 위함이요. 설총이 이곳에 그의 아버지 소상을 모셔 후대에도 존경 받게 한 것은 참으로 귀하고 아름다운 사람의 일이다. 나는 지금 저 아이를 데리고 이런 이야기를 기록하여 남기기 위해 이곳에 있다.

일연은 자신의 다짐을 속마음으로 새기며 원효의 소상 앞에 지극한 마음으로 예를 올렸다. 그리고 무극을 앞혀놓고 고개를 돌리고 자신들을 바라보고 있는 원효대사의 소상에 관한 이야기를 들려주었다. 황홀한 표정으로 그 이야기를 듣고 있는 무극은 지금 무슨 생각을 하고 있을까. 일연의 목소리는 무극의 귀가 아닌 눈동자로 빨려 들어가고 있었다.

한낮인데도 경내는 고적하였다. 주지를 청하거나 기별을 하면 차 대접을 받을 것이겠지만, 무슨 벼슬아치처럼 행색을 드러내는 것도 다른 사람을 번거롭게 하는 일인지라 전각들과 경내를 둘러보고, 조용히 나와서 중생사로 발걸음을 돌렸다. 무극에겐 말하지 않았지만 중생사에는 인연 있는 스님이 주석하고 있어 그곳에 몇 날을 머무르며 경주 곳곳을 둘러볼 참이어서 미리 연통을 해놓은 상태였다. 분황사를 나올 때 무극은 긴 세월 빛이 바래 겨우 몇 가닥 선으로만 남아 있는 분황사 관세음보살상 앞에 합장하고 서서 삼배를 올렸다.

"자네는 무슨 소원을 빌었는가?"

"그저 불연(佛緣)에 감사하다 하였습니다."

"옳거니, 옳거니."

일연은 흡족하여 무극의 등을 두드려 주었다. 분황사는 그렇게 일연에게도 무극에게도 경주행의 첫 감동을 안겨주었다. 가는 길에 무극의 호기심도 채워줄 겸 중생사 관음보살상에 대한 이야기를 시작했다.

"신라 말엽엔 전란이 잦았지 않은가. 어떤 사람이 늙도록 자식을 얻지 못하다가 중생사 관음보살님께 기도하여 귀한 자식을 얻었다네. 아이가 돌도 되기 전에 전쟁이 나서 전란 중에 피난을 가면서 젖먹이를 돌볼 수가 없어 난감했다네. 고심 끝에 젖먹이 아들을 보살상이 앉은 연화좌 아래 숨겨 놓으며 이렇게 빌었다고 하네. '관세음보살님께서 이 아이를 점지해 주셨으니 이 아이 목숨을 보살님께서 굽어 살펴주십시오.'라고. 그리고 아이를 연화좌 아래 밀어 넣고 피난을 갔다고 하네. 그 후 적이 물러난 후 찾아와 보니 보름이나 지났는데도 아이는 보송보송 살이 올라 있고, 피부에 윤기가 나며, 입에는 젖 냄새가 남아 있었다는 그런 참으로 신기하고 감동적인 이야기를 전하고 있다네. 분황사에서 본 관세음보살 그림도 그렇고, 이제 가 볼 중생사의 관세음보살 석상도 그렇고, 그림이고 돌 조각인데도 고통 받는 중생들을 구제하시고 있단 말이지. 자네 생각엔 이 이야기들이 어떤가?"

"신기하고 믿기지 않지만 부처님의 가피는 한량없으니 간절한 마음이 닿으면 사람의 일 이상의 믿기지 않은 일도 일어난다고 생각합니다."

"그렇고말고, 신기하고 믿기지 않는 부처님의 가피는 한량이 없다네. 하지만 그 한량이 없는 가피도 사람이 있어 이루어지는 것 아니겠는가. 부처 있는 곳에 중생이 있고, 중생 있는 곳에 부처가 있으니 중생과 부처가 다 한자리에 있어야 사람의 일 이상의 일도 일어난다네. 앞으로 자네와 내가 그 한량없는 이야기를 찾아 보세나"

일연은 자신이 마지막으로 해야 할 숙제이며 소임을 무극에게 의탁하리라고 마음먹으며 그 첫 단추를 채우고 있었다.

중생사에서의 첫날밤은 깊고 고요하여 꿀잠에 들었다. 도량석 치는 소리에 일어나 법당으로 들어갔다. 흔들림 없이 타고 있는 촛불이 만들어내는 사물들의 그림자가 어리는 법당 안은 신묘한 기운이 돌았다.

그 옛날 최은함이라는 인물이 자식을 의탁했다던 관음보살상이 그윽하게 내려다보고 있었다. 일연은 도량석이 그칠 때쯤 부처님께 예를 올리고 마당으로 나왔다. 마당 서쪽에 보살석상이 우뚝 서 있었다. 대단하였다. 머리에는 높은 관을 쓰고 흡사 구전으로 내려오는 동해 용왕의 아들인 처용의 얼굴이 저러할까 싶을 정도로 형상이 좀 특출한 보살석상이었다. 얼굴도 길쭉하고 몸매도 쭉 뻗은 것이 그동안 보아온 모습과는 사뭇 다른 형상의 보살상이다. 일연은 한발 다가갔다가 물러나기를 반복하며 그 보살상을 올려다보고는 마당을 한 바퀴 돌고 느린 걸음으로 절 왼쪽 커다란 바위에 새겨진 불상 앞에까지 와서 멈추었다.

뿌옇게 날이 밝아오고 있었다. 희미한 여명 속에 마주한 바위에는 지장보살상을 주인으로 하여 양옆에 협시로 신장상이 새겨져 있었다. 중생사는 그 이름값에 맞게 중생사였다. 천수천안을 가지고 중생의 고통을 없애주는 관음보살과 지옥중생이 모두 다 구제될 때까지 사바에 머무시는 지장보살님이 상주하고 있는 중생사, 긴 세월동안 사람들은 이곳을 찾고 있는 이유가 다 있었다.

"스님, 여기에 계셨습니까?"

"으음, 언제 나왔느냐?"

언제 다가왔는지 무극이 새벽 예불을 마치고 자신의 뒤에 다가와 있었다. 새벽 예불이 끝나는 것도 모르고 일연은 그 자리에 서 있었던 모양이다. 새벽 예불이 이루어지는 그 시간 동안 일연은 잠시 중생들 속에 나투어 계신 부처들을 보고 있었던 것이다.

"이리 배 속에 도리천이 있었구나"

"예? 무슨 말씀이신지…"

"이곳이 이리를 닮았다 하여 낭산(狼山)이라 이름 지었다지 않더냐? 저 아래 자신이 묻히는 곳이 도리천이라고 한 신라의 여왕 선덕의 묘가 있으니, 이리 배 속에 도리천이 있는 것이지 않느냐. 이런 이치를 깨달아야 하느니. 알아듣겠느냐?"

"예, 스님 좀 더 힘쓰겠습니다."

무극의 알 듯 말 듯한 표정을 재미있게 읽으며, 방으로 발길을 돌렸다. 낭산에서 맞이하는 해는 유독 붉었다.

아침 공양을 마치고 무극과 함께 토함산으로 향했다. 토함산은 석가모니 부처님이 상주하는 곳으로 유명하다. 그곳엔 불국토를 실현시켜 놓은 불국사가 있는 곳이다. 지금 우리 민초들에게는 부처님의 가피 실현이 절실하다. 그들에게 희망을 줄 수 있는 것은 가피가 실현된 현장을 생생하게 보여주고 들려주어 그들의 마음속에 희망과 믿음을 심어주어야 한다. 그러려면 이야기를 만들어서라도 입에서 입으로 전하게 하여 그 현장을 대대로 전달 될 수 있게 하여야 한다. 그것이 지금 나의 소임이다. 불국사 경내로 들어서며 일연은 다시 다짐을 하였다.

그 다짐을 마음속으로 다시 새길 때쯤 발길은 이미 경내로 들어서 동서로 서 있는 석탑 사이에 걸음이 멈추어져 있었다. 고개를 양쪽으로 돌리며 올려다보는 석탑은 환희심을 불러왔다. 먼저 동쪽으로 몸을 돌려서 돌로 빚었다는 것이 믿기지 않을 정도로 정교하고 아름다운 석탑 앞으로 갔다. 다보탑이다. 법화경에 보면 '현재의 부처'인 석가여래가 설법하는데 '과거의 부처'인 다보불(多寶佛)이 옆에 나타나 설법 내용이 옳다고 증명했다는 다보여래상주증명(多寶如來常住證明) 일화가 있다. 그때의 상황을 『법화경』에서는 석가모니 부처님이 영취산에서 '법화경'을 설할 때 탑이 땅 밑에서 솟아나왔고, 그 땅속에서 목소리가 울려나와 석가모니 부처님의 설법을 증명하고 찬탄하였는데, 그 탑에는 다보여래의 진신사리가 모셔져 있었다고 설하고 있다. 그렇다면 마주보는 서쪽에 서 있는 단정하고 위엄 있는 삼층탑은 석가모니 부처님이 상주하여 있는 석가탑일 것이다. 그러니까 지금 이 현장은 『법화경』에서 설하고 있는 영취산 당시의 그 현장이 고스란히 재현되어 있는 것이다.

하지만 영취산 법회를 그대로 재현해놓은 이곳도 현세와의 연결에는 슬프고 애절한 사랑 이야기가 있다. 다보탑과 석가탑은 백제의 석공들을 데려와 만들었다고 하는데, 백제 땅에서 이곳으로 떠나와 석탑 조성에 붙들린 석공과 남편이 그리워 먼 신라 땅까지 몰래 찾아온 석공의 아내를 두고 신라인들은 애절한 이야기를 만들어내어서 사람들의 뇌리에 붙들어놓았다.

타국으로 끌려간 남편이 그리워 찾아왔지만 탑이 완성될 때까지 만날 수 없다는 사실에 맥을 놓고 우는 여인에게 탑이 완성되면 영지라는 연못에 그림자가 비친다는 말을 전해주는 스님이 있었고, 그 스님의 말을 믿고 연못가에서 하루빨리 탑이 완성되기를 기다리며 기원하는 애절한 아내의 마음과 아내를 위해 밤낮을 쉼 없이 돌을 쪼았던 석공의 땀방울이 만들어낸 석탑이 있다. 하지만 연못에는 끝내 탑 그림자가 비치지 않아 기다리는 여인은 그곳에 몸을 던졌다. 탑을 완성하고 아내에게 달려온 석공은 아내가 연못에 몸을 던졌다는 사실을 알고 따라서 연못에 몸을 던진 백제 아사달의 이야기는 슬프고 애절하다.

그림자가 비치지 않는다고 하여 무영탑이라고도 불렀다는 석가탑에 대해 지금까지 전해오고 있는 이 이야기가 사실일 수도 있고, 아니면 신라인들이 지어낸 것일 수도 있다. 사실이든 지어낸 것이든 이 탑은 그림자가 없다는 뜻의 무영탑이라는 이름을 얻었고, 오랜 세월 그 이야기들과 함께 생생하게 살아 있는 것이다.

사실적인 불국사의 사적기를 보면 처음 조그마한 전각으로 세워졌다가 불심이 강한 진흥왕의 어머니인 지소 부인이 절의 규모를 조금 늘렸고 이후 사세를 키워가다가 경덕왕 때 당시의 재상 김대성이 크게 다시 지어 지금의 대가람이 되었다고 전한다. 하지만 아사달과 석가탑의 이야기를 음미하며 이 대가람의 창건에 이야기를 입혀야겠다고 일연은 생각했다.

불국토를 재현해놓은 지금의 불국사가 처음 한 칸의 전각으로 시작했다는 것은 사람들에게 의미가 없다. 현재의 이 웅장하고 완벽한 불국토를 실현해놓고 있는 대가람을 사람들에게 전해 주려면 부처님의 희유한 법이 있어야 한다. 그리고 지금 백성들에게 가장 절실한 것은 안락하고 복된 삶을 받는 부처님의 가피이다. 현세에서 불가능하면 내세에서라도 보장이 있어야 한다. 일연은 그런 생각을 하며 무극을 앞세워 대웅전으로 들어가서 부처님께 예를 올렸다.

"어떠냐? 나는 여기서 좀 쉴 터이니 구석구석 둘러보고 오너라."

"스님, 힘드시면 여기 원주께 말씀 넣을까요?"

"아니다. 미리부터 번거롭게 할 것 없다. 나는 여기서 불국사에 상주하시는 석가모니 부처님께 여쭐 말이 있으니 너는 처처에 계신 불보살님을 뵙고 오너라. 나중에 잠자리나 부탁하자꾸나."

"네, 그럼 소승 빨리 보고 오겠습니다. 여기 계십시오."

무극은 뒷걸음으로 물러나 밖으로 나갔다. 일연은 가부좌를 하고 단정히 앉아 부처님께 아뢰었다.

'부처님, 당신께선 신라인들로 하여금 불국토를 재현하셨다가 지금은 어찌 거두어 가셨습니까? 땅도 사람도 그 자리이며 단지 그 이름이 신라요 고려일진대 그때의 그들은 어디에 가고 지금 이 나라의 백성들은 왜 당신을 떠나고 있습니까? 제가 지금 부처님 전에 말씀 올립니다. 당신의 뜻을, 지혜를, 말씀을 전함에 있어 법을 강설하기보다 사람 이야기를 해야겠습니다. 이 웅장하고 아름다운 불국사의 창건 이야기를 전생의 인연 가피로 만들어야겠습니다.'

그렇게 속마음을 다 보였지만 스스로 생각해도 실소가 나왔다. 하지만 이미 머릿속으로 이야기의 얼개가 짜여 지고있었다. 시간이 얼마 지나지 않은 것 같은데, 무극이 문밖에서 기척을 했다. 내가 여기에 있으니 마음이 편치 않았는지 대충 한 바퀴 둘러보고 온 모양이다.

중생사에서 나와서 중간에 만나는 사람들과 말도 섞고, 다리 숨도 하며 쉬엄쉬엄 왔으니 벌써 하루가 저무는 산 그림자가 내려오고 있었다. 저녁 공양과 잠자리는 별 무리 없이 해결이 되었다. 토함산에 떠오르는 달을 보며 일연은 무극에게 지필묵을 준비하라고 일렀다.

신라인이 불국토를 재현해놓은 불국사를 통해 부처님의 가피를 바라는 민초들에게 희망을 주는 이야기를 적어 볼 요량이었다. 태어날 때부터 신분의 벽을 느끼고 가난에 허덕이는 이 땅의 민초들에게 이생에서 못 이루면 내생에서라도 이룰 수 있다는 희망을 주는 이야기가 무엇일까. 그것은 부처님의 법을 믿는 신심과 그것을 따르는 행동과 부처님을 공경하는 마음을 드러내는 것일 것이다. 지금의 대가람의 형태를 갖추게 진두지휘한 인물은 600여 년 전의 인물인 김대성이다. 그 인물을 주인공으로 하여 이야기를 만들어야 한다.

조용히 먹을 갈고 있는 무극의 옆모습을 바라보며 일연은 첫 운을 떼었다.

옛날에 모량리에 가난한 여인 경조에게 대성이라고 하는 아들이 하나 있었다. 그들은 집안이 가난하여 대성은 부자인 복안의 집에 가서 품팔이를 하였다. 하루는 대성이 품팔이를 하고 있는 복안의 집에 점개라고 하는 스님이 와서 흥륜사에서 육륜회를 베풀고자 하여 시주를 받으러 왔다고 하였다. 그러자 주인인 복안이 베 50필을 시주하는 것이었다. 그러자 점개 스님은 그 자리에 서서 "신도께서 보시를 좋아하므로 천신이 항상 보호하여 하나를 보시하면 만 배를 얻게 될 것입니다. 바라건대 대대로 안락을 누리고 내세에도 안락을 누리고 장수할 것입니다."라고 축원을 하는 것이다. 대성이 그 소리를 귀담아 듣다가 어머니에게 달려와서 이렇게 말하였다.

어머니 제가 주인집에서 보니 오늘 어떤 스님이 와서 주인께 시주를 받아 가는 것을 보았습니다. 그런데 그 스님 말씀이 하나를 보시하면 만 배를 얻는다고 합니다. 생각해보면 저는 전생에 좋은 일을 한 것이 없어서 지금 이렇게 가난하게 사는 것이니 시주를 해야겠습니다. 지금 점개 스님이 시주를 하러 다니시는데 지금 또 못하면 내생에는 더욱 가난할 것은 불 보듯 보이니, 우리가 품팔이로 얻은 밭을 흥륜사 법회에 시주하여 내생에 복된 삶을 얻는 것이 어떻겠습니까?라고 하였다. 그 말을 듣고 어머니도 좋다고 하므로 두 모자는 자신들의 전 재산인 밭을 시주하였다. 하지만 어찌된 영문인지 복을 받기는커녕 건강하던 대성이 얼마 후 갑자기 죽었다. 그런데 그날 밤 재상 김문량의 집에 "모량리의 대성이란 아이가 이제 너의 집에 태어나려고 한다."라고 외치는 소리가 하늘에서 들렸다.

집안사람들이 깜짝 놀라 모량리에 사람을 보내어 알아보니 하늘에서 소리가 들리던 날과 대성이 죽은 날이 같았다. 그 후 김문량의 부인이 임신을 하고 아들을 낳았는데 태어날 때부터 왼쪽 주먹을 쥐고 펴지를 않다가 7일 만에 폈는데 '대성'이란 두 글자가 새겨진 금패를

쥐고 있으므로 이름을 다시 대성이라 지었다. 그리고 모량리를 찾아가 전생의 대성과 모자관계였던 경조 부인을 맞이하여 집안에 모시고 평생을 봉양하였다.

　이후 대성이 재상에 올랐을 때 이생의 부모를 위해서 불국사를 세우고 전생의 부모를 위해서 석불사를 세워 굴 안에 아름다운 석불을 모셨다. 모량리의 대성은 시주하는 마음과 부처님을 믿는 마음이 지극하여 가난한 현생을 탈피하여 내생에 나라의 재상이 되는 김문량의 아들로 태어났으며, 그 인연을 이어 큰 불사를 이룩한 사람이 되었다. 또한 가난하지만 아들의 시주에 동참한 여인 경조는 말년에 복된 생을 이어갔다. 후세 사람들은 불국사를 보면 김대성을 생각하고, 시주공덕이 내생에까지 무량함을 입에서 입으로 전하고 있다.

일연은 붓을 내려놓고 눈으로 무극에게 읽어보라고 했다. 찬찬히 읽어 내려가던 무극이 스승을 향해 두 손을 모으고 앉은 채로 반배를 올렸다.
"스님, 이 이야기가 사실입니까?"
"사실? 그것을 왜 묻는가. 예전에 대성이라는 사람이 살았고, 그가 공사를 도맡아 큰 가람을 세워놓은 불국사에 오늘 우리가 들어와 보고 있거늘 무엇이 사실이고 사실이 아닌 것인가?"
"저는 그저 이 이야기가 재미있고, 누구라도 이야기 속 대성이 될 수 있다면 그들이 행복해질 수 있지 않을까 해서 여쭈었습니다. 그리고 이 이야기를 여러 곳에 전달하고 싶은 마음에…… 소승이 미련하고 아둔하였습니다."

일연은 그런 무극을 지그시 바라보다가 말을 이어갔다.

"무극아, 너는 이번 생에 하지 못한 것이 있다면 내생에 다시 와서 하겠느냐?"

순간 무극은 자신이 이번 생에서 해야 하는 일이 무엇인지 모르고 있다는 사실을 깨달았다. 그는 아무 생각 없이 무연하게 그저 스승이신 일연 선사를 모시고 따라다니는 것에 대 만족을 하고 신나 있었던 것이다. 그 생각에 이르자 스스로 부끄러워 얼굴이 화끈거리고 목덜미까지 벌겋게 달아올랐다. 아마 촛불 밑이 아니었다면 스승께서도 그런 자신의 모습을 보았겠다고 생각하니 심장까지 뛰기 시작했다. 가까스로 자신은 아직 무엇을 해야 하는지 생각하지 못하고 있었다고 솔직하게 말했다. 그러자 일연 스님은 지금부터 생각해보거라 하셨다가 곧, 생각으로 짓지 말고 모량리의 대성을 몸으로 따라가 보거라, 하시고는 잠자리에 들자고 했다.

경주는 대단하였다. 이야기로 전해지는 고도령의 말마따나 가섭불시대부터 불국토임에 틀림이 없었다. 어디를 가나 부처가 상주해 있었고, 처하는 자리마다 부처를 만날 수 있었다. 한 왕조가 이루었던 천년의 역사 속에 부처는 상주해 있었으며, 지금도 여전히 처처에서 그 자취를 내비치고 있었다.

일연은 무극과 함께 그런 곳을 찾아 다녔다. 귀감이 될 만한 것은 살을 붙여 기록으로 남겼고, 후손들에게 남기고 싶은 곳들은 상세하게 묘사해 글로 적었다. 자신이나 무극이 그림에 소질이 조금이라도 있었다면 눈으로 익혔던 모든 것들을 붓끝으로 그려두었을 것이다. 지금 두 사람이 보고 듣고 하는 이것들을 어떻게 생생하게 그려둘 수 있겠는가? 형언할 수 없는 표정으로 중생의 고통을 다 헤아리시는 분황사의 북벽에 그려진 관음보살상이나 진짜인 줄 알고 새들이 날아와 앉다가 벽에 부딪혀 죽었다는 황룡사에 그려진 소나무를 어찌 필설로 다 보여줄 수 있겠는가. 그러나 눈에 담은 것은 다 남기고 싶으니 두어 달을 옛 왕조의 흔적을 찾아 다녔다.

한 더위가 조금 수그러들 때쯤 오어사로 돌아왔다. 경주에서 보고 들은 불교의 지난 흔적과 사람들의 자취에 얽힌 이야기들을 가져 왔으니 이것들을 다시 옮겨 글로써 기록해두는 일을 무극과 같이 할 참이었다. 일연은 그동안 자신이 꼭 해놓아야 할 소임으로 생각하고 있었던 그 일을 오어사를 기점으로 해서 틈이 날 때마다 진행해 나갔다. 오어사에서 무극을 얻은 것도 인연의 고리이며, 자신이 하고자 하는 일에 꼭 필요한 일손을 부처님께서 보내주신 거라고 믿었다.

그렇게 무극을 데리고 한참 다니다가 잠시 포산 인흥사에 짐을 풀었을 때 왕명이 내려왔다. 무진년(1268년) 가을이었다. 당시 무오정변으로 권력을 잡았던 김준이 제거 되고 원종은 왕정 복구를 위한 불교계의 힘이 필요한 때였다. 원종은 대장경조판에 책임을 한 일연으로 하여금 전국의 선교대덕(禪敎大德)을 불러 대장낙성회(大藏落成會)를 개

최하여 불교계와 관계 돈독을 꾀하였다.

대장낙성회 장소는 개경의 운해사로 정해졌다. 일연은 남해의 혜일 스님이 있는 운해사를 생각하고 묘한 기분이 들었다. 이참에 혜일 스님도 만나고 싶은 마음이 일어 개경에서 보았으면 좋겠다는 연통을 보냈다.

개경으로 떠날 짐을 꾸리며 무극은 흥분을 감추기 어려웠다. 그동안 스승인 일연 스님을 모시고 다녔던 것도 큰 행운이었는데, 이제 전국의 명망 높은 고승 대덕을 한자리에서 볼 수 있다는 기대감에 인흥사 산문을 나서기도 전에 가슴이 방망이질을 해댔다. 그리고 이번 행차는 우마가 끄는 수레를 타고 가는 것이어서 무극으로서는 새로운 경험이며 호사이기도 했다.

"스님, 준비는 다 마쳤습니다."

"그렇게도 좋으냐? 개경까지는 먼 길이니라."

일연이 방문을 열고 나오며 제자의 심중을 다 안다는 듯 웃음기 가득한 목소리로 말을 건넸다. 무극도 대답 대신 웃음으로 답하고 얼른 비켜서서 스승의 뒤를 따랐다.

일주문 밖에는 가리개를 덮은 수레가 기다리고 있었다. 이번 개경행에 소용될 물건은 며칠 전부터 무극이 알뜰히 살펴 다 준비해둔 것이니 일연은 수레에 오르기만 하면 되었다. 그리고 내심 무극에게도 좋은 경험이 될 것이니, 그도 참 잘 된 일이라고 생각하니 나쁘지만은 않았다. '이번 길은 너에게 주시는 부처님의 가피가 있을 것이니 잘 받아 지녀야 하느니' 일연은 속으로 무극이 보고 듣는 것을 잘 새기기를 바랐다.

전국의 명산대찰에 있는 선교 명덕 100여 명이 운집한 대장낙성회는 열흘에 걸쳐 펼쳐졌다. 무극은 일연을 모시는 소임으로 그 법회 자리에 끼어서 참관할 수 있는 행운을 얻었는데 스승인 일연의 또 다른 모습을 보는 기회가 되었다.

선교에 통달한 스승은 법상을 주도하며 어떤 질문이 나와도 막힘없이 명쾌하게 그 해답을 이어 나갔다. 조그마한 체구에 어디서 그런 힘이 뿜어져 나오는지 눈앞에 펼쳐지는 명덕들과의 화답이 그 자리에 있는 모든 이를 휘어잡고 있었다.

열흘 동안 이어진 대장낙성회는 성황리에 여법하게 끝났다. 그날 저녁 일연의 처소로 인사차 오는 많은 사람들이 물러간 후 일연은 혜일 스님과 단둘이 남았다. 혜일이 무극이 차려 내온 다과를 집으며 먼저 입을 열었다.

"스님, 애쓰셨습니다. 덕분에 나도 여러 선승들을 만나는 기회도 얻었고 많은 공부도 하였습니다."

"제가 애쓴 것이 뭐가 있나요. 그래도 왕명이 서서 전국의 고승 대덕들께서 흔쾌히 자리를 채워 주셨고, 나라의 주권이 빼앗기는 이 환국에 불법의 수호가 이루어졌다는 것에서 왕실의 근심도 좀 덜지 않았나 싶습니다. 그리고 이렇게 스님을 또 볼 수 있어 그것도 작은 기쁨입니다. 사중의 형편도 모르고 제가 청하긴 하였지만 먼 길 쉽지는 않으셨을 텐데 스님께서 하찮은 인연의 덫에 걸렸습니다 그려."

"인연의 덫이라, 허허 그렇지요. 따지고 보면 인생사가 모두 덫에 걸리는 연속이지요. 그 시초는 자신이 놓은 덫이고요. 불문에 든 것도 내가 놓은 덫이요. 그 덫으로 말미암아 오늘 이렇게 스님과 제가 마주앉아 차 한잔 나누게 되었으니 저는 첫 덫을 제자리에 놓은 셈입니다. 허허. 나야 이번 스님께서 치신 덫 덕분에 개경 나들이도 하고, 쉼 한번 멋지게 하고 갑니다만, 스님께서는 어떠십니까? 혹시 다음 덫을 이미 놓고 계십니까?"

혜일은 막 따라놓은 찻물이 일렁이는 찻잔을 지그시 바라보며 일연의 다음 행보를 궁금해 했다.

"덫이요? 저는 근 몇 년 내가 놓은 덫에 내가 걸려든 것 같습니다. 여기 이 무극도 내가 놓은 덫에 들어와 있지요. 그런데 정작 저는 덫에 걸린 줄도 모르고 저렇게 천하태평으로 좋아라 하고 있으니 내가 가끔은 좀 미안한 생각도 듭니다. 저 보세요. 지금도 희희낙락거리며 차나 내리고 있지 않습니까?"

"하하하. 그렇습니까? 아마 덫이 집이 된다는 걸 본인도 알고 있나 봅니다. 참 스님께서 남해에서 떠나신 후 운수행각으로 보내셨다는데, 그냥은 아니신 것 같고. 뭐 다른 염두에 두고 하시는 것이라도 있나 봅니다. 소승이 보기에 스님께서 지금 놓고 있는 덫이 그것이 아닌가 싶습니다."

"덫이란 것이 잘 쳐야 하는데, 괜히 엉뚱한 몰이를 하면 그도 큰 죄인데, 잘 하는 짓인지 모르겠습니다."

두 사람은 무극이 우려내는 차를 마시며, 서로 덕담으로 긴 이야기를 나누었다. 이튿날 혜일은 남해로 왔던 길을 돌아갔고, 일연과 무극은 사흘 후에 운해사를 나섰다.

이 후 무극에게 지필묵을 짊어지게 하고, 무극을 지팡이로 해서 족히 10여 년은 더 전국을 다녔다. 발길 머무는 곳에서 유숙하고 그곳의 이야기를 들었다.

어디를 가나 절집에만 들면 밥과 잠자리는 해결되니 이 또 감사하고 염치없는 짓이었지만 그 염치는 밀쳐두기로 하고 내가 그동안 이런 공밥을 먹을 만큼 일을 했는가? 성찰하는 기간으로 삼는 것으로써 위로를 삼았다. 참으로 의미가 있는 시간들이었다.

소명

 청도 호거산 운문사에 짐을 푼 일연은 칠십이 넘은 노구에 스스로 정한 마지막 소임에 심혈을 기울이고 있었다. 왕명을 받아 여기 운문사에 들어온 것이 2년이 되어간다. 웅크린 호랑이의 호위를 받는다는 호거산 아래 자리 잡고 있는 운문사는 유서가 깊다. 신라 때는 이곳을 중심으로 사방 10여 리 안쪽에 동서남북으로 가슬갑사(嘉瑟岬寺), 대비갑사(大悲岬寺), 천문갑사(天門岬寺), 소보갑사(所寶岬寺)가 있었던 곳이며, 신라 진흥왕 때에는 명산에 다섯 개의 절이 창건되었다는 소식을 듣고 왕실의 원찰로 삼았던 곳이기도 하다. 그러나 세 나라(후삼국)가 싸우는 사이에 이 절들은 다 무너져 사라졌고 그때 다섯 갑사의 기둥만을 모아 이곳에 두었는데, 그것을 기초로 보양선사가 다시 절을 세웠다고 전한다. 이러한 운문사 창건의 연유를 절집이나 이 지방에서는 전설처럼 전해지고 있는데 그 이야기를 들어보면 참 재미가 있다. 그 내용은 이렇다.
 어느 때 보양선사가 중국에서 불법을 배워 오는 길에 서해에 이르자

서해 용왕이 용궁으로 불러 불경을 외게 하고 그 답례로 금실로 수놓은 비단가사 한 벌과 아들 이목을 시봉으로 주면서 이렇게 부탁을 하였다고 전해진다.

"지금 세 나라는 전쟁으로 불법을 따르는 군주가 없지만 만약 내 아들과 함께 법사의 본국 작갑에 절을 세우면 전란을 피하고 몇 년 안에 반드시 불교를 보호하는 어진 군주가 나와 삼국을 통일할 것이요."

그 후 보양선사가 이 골짜기에 도착하였을 때 노승이 나타나 자신을 원광이라고 말하고는 도장이 든 상자를 안고 나와 건네주고는 사라졌다. 보양선사는 전란에 파괴가 된 절을 다시 일으키겠다는 생각으로 북쪽 고개에 올라 바라보니 저 아래 풀밭에 5층으로 된 누런 탑이 보였다. 그러나 내려와 찾아보니 자취가 없었다. 그래서 다시 올라가 보니 그곳에 까치가 땅을 쪼고 있었다. 이때 문득 용왕이 작갑에 절을 세우면 전란을 피하고 불교를 보호하는 어진 임금이 나온다는 말을 생각해 내고 급히 내려가 까치가 땅을 쪼았던 곳을 찾아 그곳을 파보니 예전에 세웠던 탑의 벽돌이 무수히 쏟아져 나왔다. 그 벽돌로 탑을 쌓아 올렸는데 하나도 모자라거나 남지 않고 딱 맞았다. 비로소 그곳이 절터임을 알고 보양은 그 자리에 절을 중창하여 이름을 작갑사(鵲岬寺)라 하였다. 후에 우리 태조 왕건 임금이 보양 법사가 이곳에 절을 짓고 산다는 소식을 듣고 다섯 갑사의 전답 500결을 합하여 이 절에 바치고, 정유년(937)에 친히 운문선사(雲門禪寺)라는 현판을 내려주었으니 보양선사가 중창하여 대작갑사로 불리던 이름은 그때부터 운문사가 된 것이다.

이 전해오는 이야기를 보면 지금 일연 자신이 머물고 있는 운문사는 신라의 원광법사에서부터 그 연혁이 거슬러 올라가는 여법한 곳 아닌가.

일연은 오늘의 운문사가 있게 된 그 단초를 지금 혼자 되새겨보는 중이다. 원광법사의 출현이나 까치의 출현 등 다소 허황되고 신이하여 믿기 어려운 것도 일면 있지만 칠십 평생 불제자로 살아오면서 보고 듣고 직접 겪었던 몇몇의 사례들로 볼 때 사실이라고 믿고 싶었다. 아니 사실 믿고 있었다. 그리고 칠십을 지난 나이에 쉬지 않고 왕명을 받아 이곳에 거처를 정한 것도 다 어떤 불연의 한 고리일 거라고 생각하는 것이다. 그 고리를 어떻게 이을 것인가를 그는 지금 생각하고 있다. 그것이 남은 생의 마지막 소임이며, 정리임을 직감하고 있었다.

돌아보니 자신을 부처님 도량에 묶어버린 무정 스님도, 자신에게 이름을 지어 주어 오늘날까지 불제자의 도리를 하게 해준 은사인 대웅 장로는 벌써 원적하셨고, 아련한 그리움으로 있었던 계정 스님도 생각보다 빠르게 몇 해 전 입적했고, 사형 일중 스님도 작년에 입적하였다. 사형은 진전사를 단 한 번도 떠나지 않고 평생을 한자리에서 스승을 모시고 수학하며 자신을 닦았던 사람이다.

지난 봄 사형의 세속 삶이 곧 끊어질 것 같다는 소식을 접하고 일연은 서둘러 그를 만나러 갔다. 혼자 가고 싶었으나 워낙 먼 길이라 제자 무극이 기어코 따라나섰다. 그동안 승가의 단합과 나라의 소임을 핑계로 은사이신 대웅 스승님의 마지막 가시는 길을 배웅치 못한 터라 그것에 대한 마음의 부채가 항상 있었다. 일연이 발걸음을 재촉하여 진전사에 닿았을 때는 이른 봄날이었다.

  설악산 계곡은 잔설이 녹아 흐르는 물소리로 생동감이 흘렀고, 저 앞에 보이는 진전사는 일주문이 먼저 나와 있었다. 일주문의 지붕은 새로 이은 것인지 단청이 화려하게 다가왔다. 어쩌면 원래 진전사의 일주문은 화려했는지도 모른다. 그렇다면 처음 이곳에 들어올 때 온 산이 붉게 단풍으로 불타고 있어 일주문의 단청이 눈에 들어오지 않았을 것이다. 아직 잎을 틔우지 않은 나무들 사이 오롯하게 서 있는 일주문의 지붕은 곱게 단청을 하고 날렵하게 하늘로 날개를 펼치듯 이어져 있어 그 앞에 다다르면 자신도 모르게 몸이 진전사로 경내로 빨려 들어가는 것 같은 착각을 일으켰다. 지난날 8~9년을 이곳에 살았으면서 미처 못 보았는데, 일주문이 아름답다는 것을 새삼 느끼며 산문을 들어섰다. 전각들은 긴 세월동안 변함없이 의연하고 떠나오던 날 새벽 혼자 수없이 돌고 돌았던 마당도 그 마당 그대로이다. 긴 세월동안 소임을 핑계로 이 모습 저 모습으로 떠돌다 이제 늙은 몸으로 다시 밟는 진전사. 눈가가 축축해졌다. '나도 이제 늙었구나.' 일연은 그런 자신을 들여다봤다.

  그동안 이래저래 자리를 옮기며 다녔어도 승가에 누되지 않는 일원으로 만들어준 이곳에 들를 기회는 좀처럼 없었다. 그런데 오늘 사형의 마지막 길을 배웅하기 위해 이곳에 온 것이다. 일연 자신도 칠순을 넘었으니 팔순이 넘은 사형께서야 그 명이 다하는 것도 자연의 순리일 터, 애석함이나 안타까움은 일어나지 않고, 세월의 무상함이 밀려왔다.

사형의 처소는 도량 맨 위쪽에 자리하고 있었다. 관음전을 뒤로 작은 오솔길 끝에 단조롭게 서 있는 전각, 설후정사(雪後精舍)란 편액이 걸려 있었다. 글씨의 기품으로 봐서 단박에 사형의 글씨임을 알았다. 예전에 없던 당사였는데 이 어른이 조그마하게 자신의 거처를 새로 만들어 평생을 이 자리를 뜨지 않고 이 설악산 깊은 골에서 눈 속에 대나무를 키우고 있었구나. 아마 이 집을 지을 때도 손수 나무를 베고, 터를 닦고 지붕을 이었을 것이다. 목이 메여왔다.

일연을 안내하고 온 스님이 설후정사 방 문고리를 잡으며 기척을 하고 안에다 대고 일연이 왔음을 말씀드리자 바로 안에서 목소리가 들려왔다.

"염부(閻府)의 힘이 대단하긴 한가 보네. 우리 선사께서 이리 급하게 온 걸 보니."

화급을 다툰다는 말이 무색하게 사형은 말간 얼굴로 침상에 앉아 있었다. 일연은 급한 걸음을 떼며 들어가 사형 앞에 무릎을 꿇었다.

"많이 늦었습니다."

"어서, 어서 일어나시게. 이 무슨 우스운 꼴을 보이는가."

푸른 기운이 도는 깡마른 손으로 이미 늙은 일연의 손을 맞잡으며 사형인 일중 스님은 일연을 한동안 바라보고만 있었다.

"큰스님, 누우셔야 합니다."

시봉을 드는 시자의 말에 일연도 퍼뜩 정신이 들어 사형을 자리에 눕게 했다.

그날 밤 일연은 사형 곁을 지켰다. 간간이 숨소리가 거칠어지기도 했지만 고른 잠을 자고 있어 한 며칠은 계시겠구나 안도의 숨을 쉬었다.

"여보게."

먼 길의 노독은 일연에게도 부치는 일이었다. 사형보다 더 깊은 잠이 든 모양이다. 일중 스님의 부르는 소리에 일어나 보니 사형은 손을 들어 일연을 가까이 오게 했다.

"많이 보고 싶었다네. 은사 스님께서도 자네를 두고 당신의 소임을 다한 것이라고 흡족해 하셨다네. 참 잘 견디고 잘 살아오셨네."

"제 앞가림에 바빠서 사중을 챙기지 못했습니다. 죄송합니다."

"무슨 말씀이신가. 자네가 선가(禪家)의 소임을 다해주니 그보다 중한 일이 있겠는가. 훌륭하이. 이제 주유는 그만하고, 자네도 좀 쉬시게. 쉬면서 여기저기 예전에 잃어버린 우리 불가의 이야기도 좀 챙기고… 없어지면 아쉬운, 잃어버리면 안 되는, 무지렁이라도 들으면 다 아는 그런 이야기 말일세. 그러면 금상첨화이리."

이상한 일이었다. '이제 주유는 그만하고 좀 쉬시게.' 사형이 전하는 이 말은 일연도 이미 마음먹은 일이다. 아니 벌써 시작하고 있지 않은가. 그런데 그 심중을 사형은 어찌 알고 있다는 말인가. 자신이 은사의 임종도 다비도 못 치른 신세로 이리저리 부침으로 다녔던 세월이 사형에게도 안쓰러워 보였는가. 아니면 내가 내 역량을 넘어서는 소임을 나도 모르게 탐하고 있었는가. 온몸의 터럭이 빳빳이 서는 순간이 지나갔다.

산중에 새벽이 오고 있었다. 일중 스님은 시봉하는 시자를 부르더니 몇 마디 이르고는 문갑을 열어 접은 종이 한 장을 건네주었다. 시자는 그 종이를 일연에게 건네주었다.

> 설악 일봉에 죽은 대나무를 꽂아놓고
> 통소 소리 들리기만 기다렸구나.
> 60여 년 긴 세월 헛된 꿈만 꾸었으니
> 설후(雪侯)는 여전히 설후(雪垕)에 갇혔구나.

일연은 두 손으로 받쳐 사형의 일필휘지인 열반송을 눈으로 담고 마음속으로 사형 일중 스님을 보내드렸다.

평생을 이곳에 앉아 차고 시린 정신을 쌓아온 사형은 깊고 그윽한 소리까지 얹어 설후당에 남겨놓았음을 알았다. 일연은 그동안 여러 차례 인연 있는 이들의 다비식을 집행해 왔다. 지금 사형의 육신을 보내는 절차인 다비식을 그 어느 때보다 엄숙하게 임했다. 새삼 은사이신 대웅 장로와 사형이 평생을 무언으로 지켜봐줌이 오늘의 자신을 이루어낸 것을 깨달았다. 일연은 사형 일중 스님의 49재를 지내고 내려가기로 했다. 그동안 제자 무극은 내륙과 다른 풍광과 불기 서린 환경을 좀 접해보라고 낙산사로 보냈다. 일중 스님의 49재 때에 맞춰 올 것이다.

진전사의 봄은 고즈넉하다. 눈이 녹아 제법 물소리를 내는 개울은 시리도록 차지만 그 찬 기운을 뚫고 돋아나는 싹들은 우주 만물이 가진 생성의 경이로움을 준다. 사형의 초재를 마치고 일연은 공양 후 포행 겸 절의 서쪽 계곡에서 흘러오는 개울로 갔다. 해는 이제 중천에 가깝게 닿아 있고, 하루하루 다르게 봄날의 향취가 온 산과 어울리고 있었다.

봄 냄새를 맡으며 개울가 바위에 앉아 상념에 들었다. 내 몸이 산중에 있으니 봄은 이 산중에서부터 오는 것으로 인식된다. 내가 지금 저 동해 감은사에 있으면 봄은 앞 동해 바다로부터 오고 있겠지. 불현듯 모든 것이 한순간 꿈으로 흘렀다. 산과 바다, 무량사 무정 스님과 계정 스님, 은사인 대웅 장로, 사형 일중 스님, 포산의 골짜기 처처에 계시는 스님들, 그리고 지금 이 개울에 앉아 있는 일연 자신. '예전에 잃어버린 우리 불가의 이야기도 좀 챙기고, 그러면 금상첨화이리' 갑자기 사형 일중 스님의 마지막 말이 다시 떠올랐다. 예전에 잃어버린 우리 불가의 이야기라. 그러고 보니 은사이신 대웅 장로는 옛 이야기를 즐겨 들려주었다.

우리 태조 이전에 이 땅덩어리가 몇 개로 갈라져 있을 때의 선승들의 이야기는 물론 부처님 법이 이 땅에 들어온 이야기, 그리고 전국의 명산명찰 이야기들과 이 땅에 부처님 법이 들어와서 설해졌던 이야기를 진전사에 살던 시절 은사는 간간이 들려주시곤 했었다. 그 이야기들은 이상하게도 오랜 세월이 흘렀지만 은사의 목소리와 함께 아직 생생하게 기억되고 있다. 가끔씩 그렇게 기억하고 있는 자신이 일연은 스스로도 이상하리만치 기이하기도 하였다. 그리고 지난 시절 묘문암에서의 자신의 다짐이 다시 환기되었다.

 포산에 머물면서 일연은 핍박 받는 민초들에게 부처님의 이야기로 희망을 주고 싶다는 다짐을 한 적이 있었다. 고래로부터 이 땅에 전해져 내려오는 신기하고 재미있는 불교 흔적들을 찾아서 거기서 희망을 보게 하고, 신심을 일으키게 하여 고통 받는 저 중생들을 위무해주고 싶었다. 그리고 앞서간 이들의 흔적인 융성하고 아름다웠던 유사(遺事)에서 부처의 흔적을 증빙하고 싶었다. 그래서 몇 년 전부터 제자인 무극을 데리고 다니면서 그 자료들을 채집하고 있는 중이다. 은사이신 대웅 장로나 사형인 일중 스님은 그런 자신의 행로를 이미 알고 그 밑거름으로 있었던 것인가. 어쩌면 사형은 평생을 이곳을 지키면서 이곳 진전사에서 계를 받고 나간 이들에게 눈처럼 순백하고 대나무처럼 곧고 푸른 숨결을 불어 넣고 있었는지 모른다. 가슴 저 밑바닥에서 앞으로 자신이 엮어내고자 하는 그 일이 어쩌면 사형 일중 스님의 숨결인지도 모른다는 생각이 올라왔다.

 "스님, 여기 계셨습니까? 소승 한참을 찾았습니다."

 상념에 젖어 누가 가까이 다가오고 있는 것도 몰랐다. 어쩌면 이미 노쇠해가니 모든 감각이 무디어져서 느끼지 못한 것일 수도 있다. 사형의 시봉을 들던 이가 바로 눈앞까지 다가와 자신을 불렀다.

"나를 찾았던가? 포행 나왔다가 물소리가 좋아서 잠시 듣고 있었네. 그래 무슨 일이라도 있는가?"

"그리 중요한 일은 아니고, 원적하신 큰스님 사가에서 오신 보살님께서 스님을 뵙고 내려가신다고 하여, 제가 찾아 나왔습니다."

"사가의 보살님? 주지스님이나 원주스님을 뵐 일이지 나를 왜 찾누?"

일중 스님이야 그동안 이곳 큰어른으로 계셨고, 평생을 이 진전사에 사셨다. 또 유추하기로는 그동안 일중 스님의 사가에서도 이곳에 도움을 많이 주었을 터이다. 엄중하고 성의 있게 재를 지내는 것은 당연한 것인데 따로 인사 나눌 일이 있나 싶기도 해서 의아했다. 또 인사를 나눈다고 하더라도 주지나 원주와 하면 되지 이제는 객인 나를 찾을 일이 무엇인가?

일연은 자신을 찾아 나온 시자를 따라 그 사람이 기다리는 곳으로 갔다. 설후정사 다실에 들자 단정하고 고운 초로의 여인이었다. 여인은 아직 주인의 향기가 고스란히 남아 있는 설후정사에 있었다.

"스님, 인사드립니다. 정가 여인입니다."

"예, 앉으시지요."

"여기 찻물 좀 데워오시게."

주인 없는 방에서 주인의 속가 사람을, 그것도 일면식도 없는 여인을 맞는 일은 그리 편안한 자리가 아니었다. 그러니 직접 찻물을 데워 차를 내려주기도 편치가 않는 상황이라 일연은 여기 있는 동안 자신의 시봉을 들어주기로 한 시자에게 다상을 마련해달라는 부탁을 에둘러 한 것이다.

"그러실 것 없습니다. 잠시 괜찮으시면 포행을 같이 나가면 어떨까요?"

여인은 자연스럽게 일연에게 밖으로 나가서 산책을 권했다. 하기야 어떤 긴한 말이 있는지 모르지만, 주인 없는 방에서 서로 초면인 사람 둘이 마주 앉아 이야기를 나누기보다는 시자를 데리고 함께 걸어가며 이야기를 듣는 것도 괜찮다는 생각이 들었다. 마침 햇살도 따뜻하니 포행을 하기에는 적당하기도 했다.

"그럼, 저 아래 관음전에나 둘러볼까요?"

"스님께서 밖에 계신 것을 알았으면 제가 나갈 것을 그랬습니다. 힘드시면 그냥 여기서 잠시 뵙고 가겠습니다."

참으로 모를 일이다. 딴에는 미안한 마음이 일어서 그랬겠지만 그렇다고 내가 그럼 그럽시다,라고 할 일도 아닌데 저리 말을 하는 모습에 일연은 슬며시 웃음이 나왔다. 여인들의 마음은 다 그런 것인가 싶기도 하다. 자신의 어머니도 당신이 무엇을 부탁해놓고, 그렇게 하겠다고 답을 해드리면 또 금방 힘들면 안 해도 된다고 하시는 것을 매번 보았다. 그리고 자신 스스로에게도 실없는 속웃음이 나왔다. 관음전이라니, 세월이 그 만큼이나 흘렀고 그때의 그 여인도 이제 할머니가 되었을 텐데 왜 관음전이 떠오른단 말인가? 혹시라도 눈앞의 이 여인이 그때의 그 여인이기를 무심 중에 바랐다는 말인가.

일연은 앞서 나오며 여인의 얼굴을 바라보았다. 육십 언저리로 보였는데 곱고 기품이 있었다. 그 옛날 일중 스님의 일가를 먼발치에서 보았을 때, 그 노부인이 지금 여기 있는 사람 같았다.

"그래, 사형의 혈육이 되시는가 봅니다."

"네, 누이가 됩니다."

"음―"

일연은 발걸음을 조금 늦추며 설후정사 마당을 가로질렀다. 시자는 몇 걸음 뒤에서 따르고 있었다.

"일중 스님께서는 당신 삶을 잘 사셨지만 속가의 혈육은 또 그렇지 않습니다. 여전히 아들이고, 오라비이지요. 근 몇 년은 제가 자주 들렀습니다. 친정 부모님이야 예전에 돌아가셨고 일가친척이야 번성하지만, 부모님 슬하에 우리 단 둘뿐이었으니 애틋함이 남달랐습니다."

"사형께서 워낙에 당신 역사에만 매진하셨으니, 혈육으로 정을 나누는 일에 많이 서운하셨겠습니다."

"서운하고, 고맙고, 애가 닳고… 참으로 긴 세월이었습니다."

"그렇기도 하지요."

일연은 어머니를 생각하며 여인의 걸음에 보폭을 맞추었다. 구순을 바라보는 노모는 아직도 아침마다 자신이 만들어준 목조각 관음상 앞에 초를 켜고 절을 하며 빌고 있을 것이다. 아무리 말려도 그만두는 일이 없다. 어머니에게도 칠순을 바라보는 자신이 여전히 아들일까. 서운하고, 고맙고, 애달픈, 그런 아들일 테지, 어찌 그 마음을 모르겠는가.

관음전으로 내려가는 길은 길섶에 잡풀들이 무성하여 호젓하다. 설후정사를 드나들던 시자들은 새벽이슬에 바짓가랑이를 많이 적시고 다녔으리라. 사형은 그런 제자의 시중을 받으며 시린 뼈를 갈고 계셨겠구나. 좀 더 일찍 찾아올 걸, 명치 아래가 저려왔다.

"일중 스님께서 종종 스님 말씀을 하셨더랬지요. 예전엔 그런 말씀이 없었지만 근년에 당신도 사람 그리움이 깊으셨는지 저에게 옛 일들을 말씀하시곤 했답니다."

"그러셨군요. 내가 워낙 좀 무심했지요."

"아이구, 스님 그런 말씀이 아닙니다. 그만큼 저의 오라버니가 스님을 생각하셨다는 말씀을 드린다는 것이 그만, 저는 그저 스님께서도 그 마음을 알아주셨으면 하는 욕심이 말로 튀어 나왔습니다."

여인은 화들짝 놀라며 말을 더듬었다. 그 말뜻을 왜 못 알아듣겠는가. 일연은 그동안 수많은 대중 앞에 사자후도 토해보고, 수많은 대중들의 마음을 요리도 하여 보았지만 어쩐지 이 여인의 말에 맞춤하여 달래줄 그 무엇이 없었다. 사형이 설후정사 처마 밑에 서서 지는 해를 바라보거나 아래 본당에서 누가 올라오나 기다릴 때 이 오솔길을 하염없이 바라보았을 것을 생각하니 스스로 노쇠함에 든 자신의 모습이 투영되어 형언할 수 없는 마음이 일었다. 어느새 발걸음은 관음전에 다

다랐다.

　관음전의 후불탱화는 좀 특출하다. 바람에 휩쓸리는 안개와 같은 천의를 걸치고, 소나무 아래 서서 물에 비친 달을 바라보는 수월관음상을 그린 그림을 보고 있으면 그림속의 수월관음은 마치 살아 있는 사람 같은 착각을 일으킨다. 처음 일연이 무정 스님 손에 이끌려 이곳 진전사에 던져졌을 때, 아무도 몰래 자신의 마음을 기탁한 곳이 관음전이었다. 어린 마음에 다른 전각에 모셔져 있는 부처님이나 불보살님은 그렇게 마음에 와 닿지를 않았다. 내가 왜 어머니도 못 만나고 한낱 조각된 불상에 엎디어 절을 하고 살아야 하나 하는 원망부터 올라왔다. 그 밑바닥에서는 부처님이 없었다면 어머니와 헤어질 일도 없었을 것이라는 마음이 자리하고 있었으리라. 혼자서는 돌아갈 수도 없고, 그렇다고 다 큰 사내아이가 훌쩍일 수도 없고, 은사스님에게 놓여 잠시 자유로운 시간이 나면 무조건 이 관음전으로 달려왔다.

　관음전은 경내에서 제일 구석에 있는 전각이기도 하였고, 또 다른 약사전이나 명부전이나 서쪽 개울가는 쪽에 있는 산령각보다는 사람들의 발걸음이 뜸한 곳이기도 하여서 가끔 혼자 와서 훌쩍일 수 있는 곳이었다. 이곳에 들어와 앉아 있으면 탱화에 계신 수월관음께서 당장 그림에서 나와 자신을 안아줄 것 같았다. 탱화에 그려진 관음보살님은 여느 부처님과 같은 그런 상호가 아니었다. 비록 잠자리 날개 같은 천의를 걸치고 머리에 화려한 보관을 쓰고 계셨지만 그 얼굴은 어머니 얼굴이었다. 우는 듯, 웃는 듯 그 오묘한 표정은 밤마다 꿈속에 찾아오는 어머니 얼굴이었기 때문이다. 지금 생각해도 기이하고 신이한 일이지만 사실 일연은 여기서 저 그림 속 관음보살님 품에 안겨 하룻밤을 잔 적도 있었다. 아마 지금도 후대에도 아무도 믿지는 않을 것이다.

그날이었다. 자신이 부처님의 제자로 이름을 올리던 그날, 은사스님께 이름을 받고는 하루를 분주하게 보내고 밤에 혼자 이 관음전을 찾았다. 산중의 겨울 밤공기는 이불속에 있어도 살갗을 에이는 법이다. 무슨 생각이 들었던지 버선도 신지 않고 방을 나와서 어둠 속에 이 전각에 들어와 촛불을 켰다. 순간 그는 기함을 했다. 탱화 속에 관음보살님이 보이지 않았다. 소나무와 바위와 그 아래 물에 비친 달은 그대로인데 관음보살님만 홀연히 그림에서 사라지고 없었다. 잘못 보았나 싶어서 눈이 따갑도록 몇 번을 문지르고 다시 봐도 탱화 속에 보살님 자리는 텅 비어 있었다. 너무 놀라서 목소리도 나오지 않았다. 꿈인가 하여 팔뚝을 꼬집고, 볼을 꼬집어도 꿈은 아니었다. 어린 마음에도 이것 이상하고 큰일이다 싶어서 우선 은사스님께 알려야겠다고 일어나려 했지만 온 엉덩이가 마룻바닥에 착 달라붙어 꿈쩍을 하지 않는 것이었다.

그때였다. 춥기도 하였지만 누가 볼까 봐 들어오며 분명히 문을 닫고 들어왔는데, 그 방문이 열리면서 탱화 속에 계셔야 할 관음보살님이 들어오시는 것이었다. 일연은 방금 관음보살상이 없어진 탱화를 볼 때보다 더 놀랐다. 기절초풍이란 말이 이럴 때 쓰는 말이구나 싶었다. 기절하지 않은 것만도 용한 일이었다. 엉덩이는 마룻바닥에 착 달라붙어 떨어지지 않지, 소리를 지르려고 해도 목구멍이 꽉 막혀 신음 소리조차 나오지 않지, 눈만 왕방울 만하게 커지고 있었다.

"여기서 혼자 무얼 하느냐?"

마치 전각 밖 하늘 높은 곳에서 내려오는 것 같은 말소리가 들려왔다. 목소리는 방안 가득 울렸다. 부드럽고 근엄하고, 무어라 표현할 수 없는 자신의 몸을 감싸는 목소리. 관음보살님은 얼이 빠진 자신 앞으로 천천히 다가와 앉더니 자신을 안아 품안으로 꼭 품어 주었다. 관음보살님은 일연을 새털보다도 더 가볍게 안아 올려 품에 안고는 나직나직 일연에게 물었다.

"무엇이 그렇게 억울하고 두려운 것이냐? 가슴속에는 어머니가 있고, 큰방에는 은사스님이 있고, 작은방에는 사형들이 있고, 공양간에는 밥을 주는 공양주가 있고, 이부자리 덮고 잠잘 네 방이 있는데 너는 무엇이 부족하고 두려워서 잠 못 들고 혼자 여기서 떨고 있는 것이더냐?"

"잘 모르겠습니다. 여기 이곳 관음전에만 오면 마음이 좀 편안해져서 또 왔습니다."

일연은 이렇게 말하려 했으나 아무리 애를 써도 입술이 떨어지지 않았고, 말도 새어 나오지 않았다. 그러니 관음보살님의 물음에 답조차 하지 않고 침묵하는 꼴이 되었다. 그 와중에도 안겨 있으면 안 된다는 생각이 들어 빠져 나오려고 몸을 비틀었다.

"괜찮다. 괜찮다. 두려울 것 없느니라. 네가 나를 보러 왔으니 오늘은 나와 함께 여기서 자자꾸나. 우리 어린 제자를 내가 잘 살펴야지."

그렇게 말을 하고는 복숭아 향내를 풍기면서 웃어주시는 것이었다. 이상했다. 그 미소를 보는 순간 뻣뻣하게 굳어 있던 몸이 봄눈 녹듯 풀리며 스르르 눈이 감겼다. 순간 지금 자신을 안고 있는 관음보살님은 자신을 안아주고 재워주던 어머니라는 착각마저 들었다. 일연은 어린 날 어머니와 헤어지고 나서 처음으로 가장 편안하고 가장 달콤한 잠에 빠져들었다.

일연이 그렇게 달콤하고 따뜻하게 한밤을 보내는 동안 새벽부터 온 도량이 발칵 뒤집어졌다. 어제 구족계를 받은 일연이 방에서 없어진 것이다. 사실 일연이 이렇게 빨리 구족계를 받은 것은 특혜라면 특혜였다. 여기 진전사에서 공부한 것도 아니고, 어느 날 불쑥 나타난 아이 하나를 큰스님인 대웅 장로는 대중들의 궁금증도 풀어주지 않았다. 또 대중의 우려와 반대에도 가타부타 말 한마디 없이 당신의 제자로 만든 것이다. 그런데 그 은공이나 무지막지한 특혜도 걷어차고, 이 놈이 야반도주를 한 것인지 밤사이 방에서 사라진 것이다. 동이 틀 때까지 그 소란은 멈추지 않았다. 급기야 큰스님에게 보고하지 않을 수 없었.

그 일은 일중 스님이 맡았다.

"스님, 어제 계를 받은 일연 사제가 없어졌습니다."

"없어지다니, 누가 훔쳐가기라도 했다는 것이냐?"

"그것이 아니옵고, 새벽 예불에 참여치 않아 방에 가 보았더니 없었습니다. 지금까지 경내 이곳저곳 다 찾아보았지만 도량 안에 보이지 않습니다."

"당장 눈앞에 보이지 않으면 없어진 것이더냐? 무슨 큰일이라고 소란인고? 발 달린 물건이니 갈 줄 알면 올 줄도 알겠지."

"아마 밤중에 산문을 나선 모양입니다. 날도 차고 혹 무슨 변이라도 있었을까…. 스님 산문 밖도 찾아봐야겠지요?"

일중 스님은 단지 어제 막 문중에 이름을 올린 막내가 안 보인다는 것을 고하러 왔다가 졸지에 사제의 신상에 대한 걱정으로 찾아온 상황을 맞은 것이다. 그는 속으로 참회를 했다. 그렇다. 다른 사람들이 부산을 떨 때 자기는 어린 일연에게 혹시라도 모를 변고에 대해 걱정하고 그 방법을 찾아야 했거늘 그저 눈앞에 일어난 '보이지 않는다.'라는 것에만 머물러 있었다.

"산문 밖을 나섰으면 배고픈 호랑이 밥이 되었으니 그것도 크나큰 공양이요. 도량 내에 있으면 불보살님께서 거두었으니 그것도 크나큰 가피이니, 각자 소란스런 마음 내지 말고 기다려 봄세."

"예."

일중은 빨리 산문 밖으로 다른 사제들을 보내야겠다는 생각을 하며 물러났다. 산짐승들에게 먹이가 귀한 추운 겨울에는 가급적 밤에 산문을 나서는 것을 금하고 있다. 혹시 모를 불미한 일이라도 일어났다면 흔적이라도 찾아보라고 일러야겠다는 생각에 마음이 급해졌다. 대웅장로도 말은 그렇게 했지만 근심어린 눈빛까지 일중에게 감추지는 못했다.

우선 사제들을 찾아 급한 걸음을 옮기다가 일순 일중 스님의 뇌리를 스치는 것이 있었다. 관음전이었다. 언젠가 관음전 앞에서 그를 마주쳤을 때, 일중은 물어본 일이 있다. 이곳은 동떨어진 곳인데 사제는 이곳을 자주 찾는 것 같다고 했더니, 그때 그가 한 말이 '이곳에 계신 수월관음보살님은 어머니 같아요.'라고 한 것이 생각났다. 그 말을 듣고 함께 관음전에 들어가 수월관음상을 보고 그의 머리를 쓰다듬어 주기도 했었다.

일중은 급히 발걸음을 관음전 쪽으로 돌렸다. 만약에 밤새 그곳에 있었다면 필시 지금쯤 꽁꽁 얼어 혼절한 상태일 것이다. 그래서 아침이 되어도 깨어나지 못하고 있지 않을까. 혹시라도 이미 냉기가 심장까지 침입해 숨이라도 멎었으면 어쩌나. 일중은 세차게 머리를 흔들며 달렸다. 평소에 누구보다 진중하여 걸음걸이조차도 계산에 넣었던 자신이지만 촌각을 다투는 일 아닌가. 숨이 턱에 차오른 상태로 관음전 문을 벌컥 열었다. 마룻바닥에 일연이 누워 있었다. 등을 보이며 불단을 향하여 팔베개를 하고 모로 가지런히 누운 모습은 아주 평화롭게 잠든 모습이었다. 방문을 세차게 열었는데도 미동도 않은 것을 보면 사달이 난 것 아닌가. 일중은 두 눈을 질끈 감았다가 떴다. 불단의 부처님을 향해 합장하는 것도 잊고 급하게 들어가 누운 일연 옆에 풀썩 주저앉았다. 찰나의 포착이지만 뭔가 이상했다. 가까스로 정신을 가다듬고 누운 일연의 얼굴을 들여다보았다. 순간 자신의 눈을 의심했다. 이렇게 천연덕스런 얼굴이 있단 말인가. 얼굴에 홍조까지 띠고 지금 잠들어 있는 것이 아닌가. 설한 냉골의 마룻바닥이 아니라 장작에 데워진 뜨듯한 아랫목 비단 이불속에서 잠이든 사람처럼 세상 평온하게 잠들어 있는 것이었다. 열어젖혀진 문으로 찬바람이 칼날처럼 들어오고, 자신이 들어와 곁에 풀썩이며 앉았는데도 세상의 추위와 세상의 소리는 애초에 없는 공간처럼 일연은 잠에서 깨지 않고 있었다.

안도와 분노와 형언할 수 없는 묘한 마음이 일중 스님의 정수리로 빠져나갔다.

"스님, 우리 일연 스님. 기침 하시지요"

그러고도 몇 차례 더 흔들고 나서야 일연은 눈을 떴다. 그리고는 어리둥절한 얼굴로 일중 스님을 빤히 올려다보기만 했다. 실제로야 촌음도 못 미쳤겠지만 영원의 시간이 흐른 것 같았다.

일중은 일연의 손을 잡아 일으켜 세우고는 관음전을 내려와 은사스님 처소로 향했다. 은사스님께로 가는 동안 일연은 단 한마디도 하지 않았고 일중 스님도 어떤 것도 묻지를 않았다.

"괜히 대중들 소란스럽게 하지 말고, 이놈은 어제 여기서 내 수발을 든 것으로 하거라."

"예, 스님 잘 알겠습니다."

"그리고, 너는 앞으로 여기 일중 스님 곁을 벗어나면 여기서 내침을 당할 것이니 명심하거라. 자네도 명심하여 잘 거두고."

"예, 스님 제가 잘 살피겠습니다."

"네 놈은?"

"예, 스님 앞으로 은사님 말씀 잘 듣고, 사형님 말도 잘 듣겠습니다."

"그래, 진중한 놈이니 믿고 봐야지. 물러들 가거라."

관음전에서 은사스님 처소까지 둘은 한마디도 하지 않았고, 은사스님 처소에 들려서 일연이 무사한 것을 아뢰고, 몇 마디 듣고 나와서 한동안 말없이 걸었다. 일중은 당최 이해가 되지 않았다. 이 엄동에 이불은 고사하고 버선도 없는 맨발에 어떻게 그곳에서 밤을 새웠단 말인가. 그것도 아주 단잠을 잘 수가 있다는 것인가. 필시 무슨 일이 있었던 것은 분명한데 보아하니 당사자인 일연도 도통 모르는 눈치이니, 그야말로 귀신이 곡할 노릇이다. 정말 저 관음전의 소문이 사실인가도 싶었다.

"스님, 죄송합니다. 저도 모르게 깜빡 잠이 들었습니다."

"나한테 죄송할 일이 무엇인가. 그런데 춥지 않았는가?"

"잠이 들어서 추운 줄도 몰랐습니다."

"아마도 우리 사제가 계를 받고 발심하여 기도 삼매에 들었던 것인가 보네."

일중 스님의 그 말을 들으니 일연은 가슴이 쿵쾅거렸다. 흡사 죄를 지은 것 같은 기분이 들었다. 어젯밤 있었던 일을 이야기하면 정신이 어디에 홀렸다고 꾸중하겠지만 일중 스님에게만은 자신이 겪은 일을 숨김없이 그대로 말해야 할 것 같았다.

"스님, 사실은 어젯밤 이상한 일이 있었습니다."

"이상한 일이라니? 관음전에서 말인가?"

"예."

"무슨 이상한 일인지 이야기해 봐라. 나만 알고 있어야 한다면 나만 알고 있을 것이니."

일연은 어젯밤 관음전에 들어갔던 당시의 상황과 탱화 속에 관음보살상이 없어진 광경을 조심스럽게 말했다. 또 그 관음보살상은 진짜로 관음보살님이 되어 어딘지 모르지만 관음전 밖을 나갔다 들어와서 일연 자신을 안아주었다는 것도 말했다. 자신은 그만 관음보살님 품속에서 스르르 눈이 감겨 잠이 들었는데, 그게 꿈인지 생시인지도 모르겠고 아침에 사형님이 깨우는 바람에 잠에서 깨어났다는 것을 말했다.

일중 스님은 자면서 꿈을 꾸지 않았느냐고 물어 보았고, 일연은 지난밤 자신이 어머니에게로 갔는지, 아니면 어머니가 이곳으로 왔는지는 모르지만 아무튼 어머니 품에서 잠을 잔 것 같았다고 말했다. 그때 일중 스님은 그저 고개만 끄덕이며, 다른 대중들에게는 어제 관음전에서 보냈다는 말을 하지 말라고 다시 주의를 주었다.

그 후 일연이 은사인 대웅 장로에게 하직 인사를 드리고 산하 주유에 나설 때 은사스님은 관음전 이야기를 해주었다. 관음전에 계신 불보살님은 가끔 현신하신다는 이야기가 있다고 했다. 어떤 날은 탱화 속에 계신 수월관음상 발이 축축하게 젖어 있다거나, 어느 해는 홍수가 나서 산 아래 마을이 모두 물에 휩쓸리는 일이 있었는데, 용케도 사람들은 산등성이까지 휩쓸려 목숨을 건진 일이 있었다면서 그날 관음전 탱화 아래가 흥건하게 물에 젖어 있었다는 이야기를 해주었다. 그러면서 앞으로 항상 관음보살님의 가피가 따를 것이니 승가의 일꾼으로 거듭나라고 하셨다.

"스님, 먼저 들어가시지요."

여인의 말에 퍼뜩 정신이 돌아왔다.

"그럽시다."

일연은 문고리를 잡은 그 찰나에 지난 반백년의 세월이 왔다가 간 것을 새삼 느끼며, 관음전 안으로 들어갔다.

"스님, 저는 여기만 들어오면 마음이 평온합니다. 오래전 일입니다만, 스님께서 여기 계시던 그 시절에 가끔 절에 오면 스님께서는 자주 여기 관음전에 계시거나, 저기 바위에 앉아 계셨더랬습니다. 먼발치에서 바라보곤 했지요. 세월이 참으로 유수와 같습니다."

"허허, 그랬습니까? 저에게도 이 관음전은 좀 남다릅니다. 어린 날 이곳 진전사에 와서 가장 먼저 기댄 곳이 이곳 관음전이었습니다. 어린 마음에 관세음보살님을 어머니로 삼았지요. 그 원력으로 지금까지 잘 버티고 왔기도 합니다."

"오라버니인 일중 스님께서도 저 관음전의 위력은 일연 스님을 통해 드러난다,라고 생전에 늘 농처럼 말씀하셨지요. 일중 스님께서 스님을 참으로 좋아하셨습니다. 알고는 계셨습니까?"

"제가 많이 미련하고 모자랐지요. 어리석게도 세월을 내가 쥐고 있다는 착각을 하였습니다. 참으로 미련하고 오만한 생각이지요."

"아이고, 그런 뜻이 아닙니다. 나라에 무엇보다 부처님 가피가 절실한 때 아닙니까. 이러한 시절에 스님께서 교권을 주도하여 승단의 화합을 이루어내셨습니다. 불제자로서의 소임을 최선을 다해 하신 것이니 일중 스님이나, 전대의 대웅 장로님이나 얼마나 흐뭇하셨겠습니까?"

"그것으로 위안을 삼는 것도 참 면목이 없는 일이지요."

"스님─"

부인이 고요한 눈으로 바라보며 말을 이었다.

"실은 부탁 말씀을 드리고자 뵙기를 청했습니다. 아시고 계신지는 모르겠지만 제 평생 오라버니인 일중 스님만 바라보고 살았습니다. 자식 된 도리로 결혼하여 자손을 번성하게 하는 것이 마땅하겠으나 팔자인지 불연(佛緣)인지 번듯한 가문으로 출가를 하였으나 이태를 못 넘기고 남편과 사별하고 친정으로 왔습니다. 그 후 부모 가슴에 못을 박는 딸자식이 되었지요. 일중 스님께서는 그 모든 것을 미리 다 아셨는지, 아니면 속가 혈육의 정을 끊을 수 없어 그랬는지 누이인 저에게 이곳 진전사에 곁을 내어주었습니다.

그동안 이 관음전은 이 늙은이가 쓸고 닦고 갈무리한 곳이며, 긴 세월 마음 놓고 속내를 털어 놓는 곳이기도 했습니다. 남은 생도 그렇게 보내고 싶습니다. 오라비 흔적이 있는 저기 설후정사에 제 짐을 풀 수 있게 스님께서 좀 도와주시면 안 되겠습니까? 설후정사는 경내에서 조금 비켜나 있기도 하고, 대중스님들 방해 되지 않게 제 처신을 하기에도 마땅한 듯합니다. 저는 우리 일중 스님께서 사셨던 것처럼 이곳 진전사에서 여생을 마치고 싶습니다. 늙어가면서 자리가 뭐에 그리 중요할까 하시겠지만 중생의 마음이라 아직 혈육의 정을 끊지 못했습니다. 부모님 혼백이 있고, 오라비의 자취가 있는 곳에서 기도하면서 여생을 보내고 싶습니다."

일순 일연은 마음이 복잡해졌다. 은사님을 비롯하여 큰 사형은 여기 진전사의 주인 아니었던가. 어찌 사형은 누이의 거처도 정해주지 않고 가셨단 말인가? 혹시 누이의 마음을 짐작하지 못하고 있었던 것인가. 그리고 그동안의 일중 사형의 속가인 정씨 가문과 진전사의 관계를 보더라도 그 댁 따님인 이 여인이 여기 방사 하나를 얻어 여생을 보내겠다고 한들, 대중 중에 누가 반대를 할 것도 아닐 텐데 왜 자신에게 그 부탁을 하는지 의아했다. 더군다나 평생을 떠돌아다니며 그동안 진전사의 살림살이를 한 번도 돌보지 못했던 자신은 진전사의 입장에서는 그야말로 객승의 처지가 아닌가. 이곳은 자신의 말이나 뜻을 내비칠 수 없는 곳이다. 삼척동자가 생각해도 그럴만한 처지도 아닌 것이어서 일연은 조용히 말을 했다.

"보살님, 지금 이곳은 주인이 따로 있지 않습니까? 주인에게 해야 할 부탁을 객인 저에게 하는 연유가 무엇인지요? 그리고 내가 생각키로는 이곳 대중 중에 보살님이 이곳에 계신다고 하여 반대할 사람도 없을 것 같습니다만."

"물론입니다. 하지만 제 입으로 말하기가 참으로 민망한 일이어서 스님께서 중간에 말씀 좀 넣어주시면 해서 송구한 부탁을 드립니다."

"그런 마음이라면 승이 주지스님과 차 한잔을 해야겠습니다."

여인은 말없이 앉은 자세로 합장을 하고 고개를 숙였다. 정갈하고 고운 자태이지만 목덜미를 타고 흐르는 늙어가는 피부는 감출 수가 없었다. 사람의 몸을 받아 그 무슨 인연으로 이 땅에 왔는고. 부족함이 없는 부유한 집안에 태어나서 아랫사람들의 보살핌을 받으며 가친들의 사랑받고 살던 그 시절은 봄날이었을까? 선녀처럼 고운 모습으로 부부의 연을 맺었으나 해로하지 못하고 긴 세월을 보낸 그 시절은 쓸쓸하기 그지없는 가을이었을까. 아니면 마음도 몸도 꽁꽁 얼어붙어 냉기만 도는 엄동설한이었을까. 이 여인에게 잔잔하고 고운 것 말고 무성하고 푸르렀던 격정의 세월이 있기는 했을까. 눈앞에 마주 앉아 자신의 마음을 드러내고 있는 이 여인은 누구인가.

일연은 그 가여운 마음 끝이 자신도 모르게 장산에 계신 어머니에게로 달려가고 있음을 알아차리고는 흐음, 하고 헛기침을 했다. 합장한 모습으로 고개를 들어 관음전을 휘 둘러보던 여인은 그제서야 일연 스님이 무량한 눈빛으로 자신을 바라보고 있음을 알았다. 그 순간 찰나의 시간이 무량겁으로 왔다 간 것을 두 사람 서로 알고 있었다.

관음전을 나와 여인은 설후정사로 올라가고 일연은 자신의 처소로 발걸음을 옮기다가 명부전으로 발걸음을 옮겼다. 명부전의 문을 열자 진한 향내가 확 풍겼다. 향로에는 누가 다녀갔는지 향이 타오르고 있었다. 가는 향 한 자루를 태우며 오르는 연기는 용트림 같기도 하고 비파를 타는 건달바 같기도 하고 현묘한 형상으로 명부전 가득 어리고 있었다. 일연은 불단 앞에 엎드렸다. 사형께선 염부제에 들리지도 않으실 것이다. 지금 벌써 아미타 부처님 계신 서방정토에 가서 가부좌 틀고 앉아 계실 것이다. 그러다가 아니면 아직 일연 자신 곁에 있을 수도 있다는 생각이 번개처럼 스쳤다. 그는 엎드린 채로 속으로 뇌이었다.

'스님, 지금 어디에 계십니까? 혹여 마지막 하나 못 놓은 것이 있습니까? 그렇다면 이 순간 다 떨치고 가십시오. 스님께서 손수 석가래 올린 집 한 채가 누이를 잘 품어줄 것을 알고 계시면서 무얼 그리 못 미더워서 소승에게 다짐을 받고 있습니까?' 그렇게 말하고 고개를 드니 서쪽에서 바람 한줄기 불어왔다. 혈육의 정이란 이리도 길고 질긴가 보다. 명부전을 나서 거처로 오는 동안 정 여인의 쇠하여 가는 목덜미가 자꾸 눈에 밟혔다. 가슴 저 밑바닥에서 슬픔인지 회한인지 그리움인지 아리는 것이 있었다.

설악의 봄밤은 소쩍새 울음소리로 깊어갔다. 그날 밤 일연은 선잠이 들었다. 아마 낮에 정 여인과의 만남을 헤아리고 뒤척였기 때문이리라. 여인에 대한 애틋한 감정이나 연정이 아니라 연민의 티끌이었다. 그 여인이 이곳에 머무는 일이야 누구를 통하던 가능할 것이다. 그런데 자신을 찾은 것은 오라비인 일중 스님의 자취를 조금이라도 더 이어가고 싶은 마음에서였을 것이다. 그만큼 일중 스님은 일연 자신을 끝까지 품고 계셨다는 사실이 고맙고 미안했다. 나는 그 은덕을 잠시 아니 오래 밀쳐두고 어디를 헤매이고 다녔는가? 수없이 발자국을 남겼던 자신의 지난날이 유리구슬에 묻은 때 같고, 일중 사형이 쌓고 쌓아놓은 티끌 없는 설원에 갈지자로 걸어간 몽매무지한 발자국 같다는 자책이 들었다. 설핏한 잠 속에 일중 스님이 들어왔다. 들어와서는 아무 말 없이 씩 웃으며 자신의 어깨를 툭 치고는 나갔다. 일연도 달리 그러려니 생각하고 수줍게 웃어주었다. 희한한 것은 일중 스님도 자신도 예전의 그 모습이었다. 자신이 일중 스님의 누이인 정 여인을 처음 보고 가슴이 두 방망이 치던 그때 그 시절의 모습이었다. 언제나 일연의 편이었고, 일중 스님 눈에 조금만 기특하다 싶으면 그 듬직하고 따뜻한 손으로 자신의 어깨를 툭 쳐주던 사형이었다. 잠 속에서 그렇게 일연은 사형이었던 설후당 일중을 마지막 배웅하였다. 그의 뒷모습은 어느 때보다 호쾌하였다.

벌써 여명이 비쳤다. 일연은 일어나 앉았다. 소쩍새 울음소리가 귓전에 와 앉았다. 저 새는 자신의 존재를 울음으로 알리는구나. 어젯밤 울음소리는 잠자리를 찾는 소리일 것이고 지금 저 울음소리는 먹이를 구하기 위한 소리일 것이다. 그리고 한낮의 울음소리는 짝을 찾고, 짝과 노니는 소리일 것이다. 저들의 한 생도 저리 필생이로구나. 일연은 이곳에 깃든 모든 유정무정들의 평안을 생각하며 합장하였다.

점심 공양이 끝난 후 주지와 꽤 긴 시간을 이야기했다. 자신의 생각이 너무 안일하였다는 것을 깨달은 것은 차 한 잔이 비워지기 전이었다.

"선사께서 어떤 연유로 그리 말씀하시는지는 알지만, 대중들의 소리가 어떨지 걱정입니다. 설후당 큰스님을 생각하면 당연히 그렇게 해드리는 것이 맞는 도리이긴 하나, 큰스님이 머물던 그곳은 이미 대중에게 다 알려진 곳이지 않습니까. 큰스님이 머문 곳에 아무리 속가의 혈육이라고는 하나 여인이 머문다는 것은 말들이 떠돌아다닐 것이라, 정보살님이 큰스님 속가사람이라는 것도 알 사람은 알지만 모르는 사람이 더 많을 것이고……."

"아하….”

긴 탄식이 나왔다. 머문 자리에도 값이 매겨져 있다는 것을. 사실 일연 자신도 그러한 것을 알게 모르게 자행한 적도 있을 때고, 그러한 관행을 잘 알고 있었음에도 이 사안 앞에서는 미처 생각을 못했던 것이다. 어제 정 여인이 간곡히 부탁한 연유가 여기에 있음을 알았다.

하지만 지난 새벽 일중 사형이 자신을 믿고 가던 그 모습이 가슴을 눌렀다. 참 난감하고 곤욕스러운 일이다. 당연히 절집의 사정이 우선이다. 그리고 이 일에 자신이 가타부타 말을 얹는 것 자체가 어불성설이 아닌가. 그럼에도 일연은 물러설 수가 없었다. 이 일에 일연 자신이 가진 승단에서의 위치가 얹어졌다면 미안하고 참회할 일이다. 그러나 그 부끄럽고 민망함을 감수하고서라도 방법을 궁구해서 저 여인을 이 도량에 있게 해주고 싶었다. 이런저런 많은 이야기가 오고 간 뒤에야 나름 묘책이라면 묘책을 강구해내었다.

우선 일중 스님이 머물던 설후정사와 이어진 경내로 들어오는 산길 끝은 토담으로 막기로 했다. 온전히 진전사 도량 밖의 공간으로 하는 것으로 합의를 보았다. 진전사와 일중 스님의 거처였던 공간을 완전히 분리하여 아무 연관 없음을 보이게 하자는 것이다. 나름으로 사찰 입장에서 껄끄러운 말을 막는 조치이기도 할 것이다. 대신 정 여인의 속가의 가산을 다 처분하여 이곳에 희사하기로 하고 여인의 남은 생 동안의 먹고 사는 편리는 절에서 다 살펴주기로 했다. 생각하니 가련한 사람이다. 그 가산이면 대접받으며 홀로 잘 먹고 잘 살 것임에도 그것을 버리고 이곳에 깃들고자 하는 그 마음이 가련한 것이다.

일중 스님의 49재를 마치기 전에 일연은 연통을 하여 낙산사에 있는 무극을 불렀다. 정 여인의 가산 정리와 설후정사로 거처를 옮기는 것을 무극의 손을 빌려야 했기 때문이다. 설후정사에서 진전사 일주문으로 내려오는 오솔길도 마련해야 하고 그동안 정사 담장도 다시 쌓아야 했다. 일중 스님이 거처할 때에야 담장이 왜 필요했으며, 삽짝이 왜 필요했겠는가. 그저 호젓하게 집 한 채면 되었으리. 하지만 이제 아무래도 여인 혼자 기거하는 곳인 만큼 집안이 훤히 들여다보이는 것은 좋지가 않았다. 간혹 산짐승도 다닐 것이고, 그러니 일연의 눈에는 담장이나 군데군데 손 볼 것이 많았다. 그것을 일일이 진전사 대중에게 맡기는 것도 힘이 쓰이기도 하고, 또 자신이 다시 이곳에 올 일은 없을 것이라는 예감에서 사형의 은덕을 마무리해 주고도 싶었다. 예전에는 산길을 직선으로 내려 관음전 뒤로 경내로 들어올 수 있었는데 그곳을 막는다고 했으니 이미 길인 그곳은 막고, 서쪽으로 작은 오솔길을 뚫어 일주문으로 돌아 들어오는 길을 내어야 했다. 그러면 정 여인이 관음전에 드는 것은 예전보다 두세 배는 시간이 걸리는 거리다. 그 과정을 지켜보며 일연은 생각했다. 우리는 마음도 몸도 모두 담을 쌓고 있구나. 저 담이 무엇이건대 저것으로 안심하고 저것으로 불편한가?

며칠 전 사형의 49재를 마쳤으니 사실 일연이 이곳에 오래 머무는 것은 옳은 일이 아니다. 절의 주지에게도 누가 되는 일이고, 대중들 보기에도 권세로 보이는 얄궂은 일이다. 그것을 알면서도 아직 떠나지 못하고 있는 것은 온전히 일중 사형에 대한 은혜 갚음을 생각해서이다. 물론 저 밑바닥에는 사형의 누이인 여인에 대한 애절함도 있다는 것을 안다. 그 애절함은 그녀가 마음놓고 자신을 부릴 수 있는 거처에 드는 것을 보아야 끝난다는 것을 알고 있기 때문이다.

일연이 그렇게 진전사 설후정사에 마음 한 자락 부려놓고 떠난 때는 초파일을 앞두고였다. 정 여인이 머물 곳이 대충 갖추어졌기도 하고, 그곳에서 객으로 초파일을 맞는 것은 옳지 않았기에 무극을 앞세우고 길을 재촉했다.

초파일을 사흘 앞두고 운문사에 들 수 있었다. 긴 노독이었고, 한편으로는 가슴속에 묻혀 있던 그 하나를 마무리한 여정이었다. 산문을 들어서자 대중들은 벌써 초파일 준비로 분주했다. 왕명을 받은 대선사 머무는 곳이니 그만큼 사세도 넉넉한 편이었다.

초파일 행사 준비야 대중들이 다 알아서 할 것이고, 이번 봉축 행사가 끝나면 지난 십여 년 무극과 함께 다니며 보고 들었던 것들을 정리할 참이었다. 그렇게 일연은 자신의 거처인 운문사로 돌아왔다.

운문사에 거주하며 몇 년간을 주위의 절집을 오고 가며 마지막 소명으로 삼았던 일을 해나갔다. 잠시 가까운 인왕사에서 잠시 거처를 옮겨 이 땅의 역대 왕조의 연혁을 정리하여 간행하였다.

자신이 무극을 데리고 다니면서 그동안 모아온 이야기를 수록할 때 이 땅에 일어났다 사라진 왕조의 연혁도 반드시 함께 기록해 두어야 한다고 생각했다. 그것을 나중에 이 기록물과 함께 묶을 생각이었다.

이 땅의 주인은 백성이다. 부처님 법도 그 백성이 있어야 흥성하는 것이다. 이 땅은 역대 어떤 인물이 불교와 함께 이끌어왔는지 알아야 한다. 그 역사는 후대에도 전해져 부처님 역사도 함께 전해진다는 것을 일연은 알고 있었다.

중원의 연력을 기준으로 이 땅에 존재했던 신라, 고구려, 백제, 가락국과 통일된 신라, 그리고 후고구려, 후백제까지 우리 태조 왕건 임금이 나라를 세우기 이전까지의 왕의 역사를 연력으로 정리하여 기록하였다. 만만한 작업은 아니었으나 후대에 전해지기를 바라는 마음이 깊어 즐거움도 있었다.

그렇게 그동안 보고 들은 이야기를 취합할 수 있었던 호거산 운문사는 일연에게 넉넉함과 자신만의 시간을 허락해준 공간이며 쉼터였다.

운문사에서 그렇게 시간을 보낼 쯤 경주 행재소에 왕의 친행이 있었다. 왕은 운문사에 주석중인 일연을 보고자 하였고, 일연은 경주 행재소로 가서 왕을 만났다. 왕은 일연을 맞아 불교계의 음덕을 찬탄하며 왕궁으로 와서 법회를 한 번 열어 달라고 부탁하였다. 운문사에서 개경의 왕궁까지는 멀고 먼 거리이다. 일연으로서는 힘에 부치는 일이었다. 하나 왕명을 거역하기는 어렵고, 또 이번이 개경을 방문할 수 있는 마지막 기회라는 것을 스스로 알았기에 약속을 했다.

해가 바뀌고 일연은 무극을 데리고 개경 땅을 밟았다. 나라는 이제 온전히 오랑캐인 원나라의 간섭 하에 놓였다. 고려가 원의 공공연한 지배권 안으로 들어가게 된 것은 무엇보다도 원 황실과 고려 왕실 간의 통혼이 가장 큰 이유였다. 그동안의 오랜 항쟁이 끝나고 원은 고려에 그들의 공주를 보냈다. 정략결혼을 시켜놓고 이 땅을 감시하겠다는 뜻이었다. 고려 왕은 원나라 공주와의 결혼은 물론이고 충성을 한다는 의미로 충(忠) 자를 사용해야 했다. 그러니 이 나라는 공식적으로 원의 부마국이 되어 있었고 왕실은 오랑캐의 신하로 그 입지가 바뀐 상태이다. 그러나 기백과 자존을 잃을 수는 없었다.

일연은 군신이 함께한 대전에서 선문회를 열어 불교의 큰 뜻과 우리 민족의 자존에 대하여 설법을 하고 대궐을 나왔다. 왕이 친히 나와 극진히 대접하였지만 그렇게 마음이 편하지는 않았다.

아주 오래전 이 땅은 세 개로 네 개로 갈라졌다가 모였다가 또 갈라지는 그런 혼란을 겪어 왔다. 그러나 그 혼란 중에도 단군의 자손이라는 한마음이 있어 결국은 태조 왕건 임금의 지혜와 용기로 지금은 한 덩어리가 되었다. 그 밑바탕에는 부처님의 가호가 있었다. 만백성이 부처님 법을 배우고 따랐다. 그러나 지금은 대궐 밖을 나가면 백성의 마음은 임금에게서도 부처에게서도 멀어지고 있음을 알 수 있다. 더군다나 저 중원의 오랑캐의 속국으로 전락하여 단군왕검으로 부터 수천 년 이어오던 우리 고유의 품성과 정신을 훼손당하고 있으니 참담하기 그지없다.

부처님은 지금 어디에 있는가? 지난 세월 이 땅이 환란으로 힘들 때 나타났던 조사들과 환란에서 나라를 구하였던 그 화신불들은 다 어디에 계시는가? 일연 스스로 자신의 무약함에 밀려 몸이 휘청거림을 알았다.

"스님, 무슨 언짢으신 일이라도 있으십니까?

아무 말 없이 걷는 스승이 걱정스러운지 무극이 조심스럽게 안색을 살피며 물어왔다.

"언짢을 것이 무어 있겠느냐. 임금께서 직접 내리는 산해진미에 빠져 있다 나오는 길에, 허허."

그 말의 깊이를 무극은 조금은 알 듯도 하여 아무 말 없이 조용히 뒤를 따랐다. 그들은 대궐에서 그리 멀지 않은 광명사로 들어갔다. 온 김에 개경에 좀 머물라는 임금의 명도 있었고, 먼 길의 노독을 풀려면 족히 네댓 달 정도의 시간은 필요했다. 그만큼 일연도 이제 노구에 들어선 것이다.

개경의 밤하늘은 그래도 별이 빛나고 산야를 고요히 덮어주었다. 그렇게 광명사에서 여독이 충분히 풀릴 때쯤 해는 바뀌어 새해도 지났다.

 나라에서는 일연에게 국존의 책봉이 주어졌으며, '원경충조(圓徑沖照)'라는 호를 내렸다. 지난해 일연을 개경으로 부른 왕의 마음이 전해지는 일이었다.

 국존의 책봉을 받고 일연은 많은 생각을 했다. 나는 과연 국존의 책봉을 받을 만큼 덕행을 쌓았는가? 그렇다면 자식을 위해 자신의 삶은 포기하고 티끌만큼의 삿된 마음을 먹은 적도 한번 없고, 이웃의 굶주림을 만나면 자신이 먹던 밥을 다 덜어주며 살아온 어머니, 오로지 자식의 평안을 위해 무릎이 닳도록 부처님 전에 빌고 빌며 살아온 어머니는? 지금 내가 받은 만인으로부터의 존귀함은 사실 어머니의 존귀함이 아닌가. 이제 어머니를 자신이 모셔야 한다는 것을 깨달았다. 또 그때가 온 것이다. 사실 한참을 지난 것이다.

 일연은 왕에게 이제 늙으신 어머니를 모셔야 하니 소임에서 물러나 쉬어야겠다고 청하여 허락을 받았다. 좀 더 불가의 소임을 보라는 나라의 청이 있었지만 늙은 어머니를 모시고 싶은 진심으로 허락을 받았다. 개경에서 내려가면 그간 승가에서 맡아오던 소임을 정리하기로 하고 어머니와 함께할 거처를 장만해야 했다.

 소임에서 물러난다고는 하였지만 드나드는 그간의 인연들은 막을 수 없을 터이다. 그렇다고 승가의 많은 소임을 받아서 하고 있는 운문사에 어머니를 모시고 와서 거주하기에는 소임이 많은 그곳 대중스님들의 생활을 번거롭게 할 것이 뻔하였다. 어머니가 평생을 살아온 장산

쪽도 알아보았으나 어머니를 모시면서 거처할 곳은 쉬 나타나지 않았다. 여러 곳을 물색하던 중에 경상도 군위 땅에 있는 인각사로 거처를 정하였다.

인각사는 산자락 밑에 터를 잡고 제법 사세를 이루고 있었고, 절 앞으로 깎아지른 듯한 바위 절벽 아래로 맑고 맑은 개울이 흐르고 있어 산수가 수려하여 썩 마음에 들었다. 일연이 거처를 인각사로 정하자 나라에서는 전답을 내려 사세 운영에 부족함이 없게 배려를 해주었다. 무극에게 인각사의 사중 일을 정리하라 일러놓고 장산으로 발걸음을 옮겼다.

쪼그라들 대로 쪼그라든 어머니는 눈꺼풀에 거의 가려진 눈을 반짝거리며, 주름진 입가에 미소를 흘렸다. 이 날을 얼마나 기다렸겠나. 어머니는 가끔 농처럼 '처음 석삼년만 떨어져 있으면 평생을 함께할 수 있다는 그 말에 속아 부처님께 아들을 빼앗겼다.'라는 말로 스스로를 단념시켜 왔었다. 일연은 이미 많이 늦었다는 후회가 밀려왔다.

어머니는 일평생 꿈꾸었을 일이 이제야 왔으니 좋으면서도 '스님, 그렇게 해도 괜찮겠소? 나는 여기서 그냥 자는 잠결에 눈 감으면 될 것이구만.'이라는 말로 자신의 마음을 숨겼다.

쭈글쭈글한 손이 뼈만 앙상하게 남아 더 쭈글쭈글한 손을 감싸 잡고 한참을 있었다. 일연은 자신이 태어난 집, 아버지가 젊디젊은 고운 아내와 병약한 어린 아들을 남겨두고 영영 눈을 감은 집, 늙은 어머니가 일평생을 아들의 평안을 빌며 한 번도 호롱불을 꺼뜨리지 않은 장산의 가산을 정리했다.

  처음 무량사로 갈 때 어머니의 손에 이끌려 나섰던 고향 집 대문을 70년 만에 자신이 어머니의 손을 잡고 인각사로 가기 위해 대문을 나섰다. 어머니의 필생을 마무리하기 위한 첫 걸음이었다.

  인각사에서의 나날은 그지없이 좋았다. 한 방에서 어머니의 숨소리를 확인하며 잠들고, 숨소리를 확인하며 아침을 맞았다. 일연은 인각사의 사중일이 조금 정리 되었을 때 구산문도회(九山門都會)를 인각사에서 열기로 했다. 자신이 여기 내려와 있다는 것을 여러 산문에 공포하는 일이기도 하고 늙은 어머니에게 자신이 부처님 제자로 공짜로 밥을 먹지 않았다는 것을 보여주고 싶은 마음이 있었다. 그것은 자신의 위세를 보이기 위한 것이 아니라 어머니께서 아들을 위해 올린 필생의 기도가 이루어졌다는 것을 보여주고 싶어서였다. 어머니께서 빌고 빌며 지켜왔던 아들이 당신의 염원으로 이렇게 살아왔다는 것을 보여주고 싶었다. 그것이 한 번도 하지 못한 효도라고 스스로 믿고 싶었다.

  춘삼월 훈풍이 불고 하늘도 맑았다. 구산문의 선승(禪僧)들이 인각사로 몰려들었다. 가지산문(迦智山門)인 장흥 보림사, 실상산문(實相山門)인 남원 실상사, 동리산문(桐裏山門)인 곡성 태안사, 봉림산문(鳳林山門)인 창원 봉림사, 사자산문(獅子山門)인 영월 흥령사, 성주산문(聖住山門)인 보령 성주사, 사굴산문(闍崛山門)인 강릉 굴산사, 수미산문(須彌山門)인 해주 광조사, 희양산문(曦陽山門)인 문경의 봉암사 등에서 모여든 선승들은 자신이 속한 문중의 선풍(禪風)을 고로의 인각사

법석에서 드날렸다.

  연 삼일을 일연은 법상에 앉아 그들의 회합을 주도하면서 비로소 이 땅의 불교의 통합을 확인하였다. 그리고 자신이 그동안 걸어온 불제자로서의 길을 되돌아보았다. 선문회를 여법하게 마치고 선문회에 동참한 각 산문의 스님들도 다 돌아갔다. 사나흘 수고한 제자들과 밤이 깊을 때까지 차담을 하고 각자의 처소에 돌아간 다음 일연도 자신의 처소로 돌아왔다. 노모는 오도카니 침상 옆에 앉아서 기다리고 있다가 일연이 들어오는 기척에 몸을 일으켜 함박웃음으로 아들을 맞이하였다. 일연은 아차, 내가 또 너무 늦게 차담을 하고 있었구나, 라고 깨달으며 모친의 손을 잡으며

"여태 안 주무시고 계셨소?"라고 달랬다.

"아이고, 스님 얼굴 보고 잘라고 안 그라요. 우리 스님이 참 대단하더이다. 고생하셨소."

"내가 누구 아들이겠소. 다 보살님 덕 아니겠소."

  일연도 노모의 말에 장단을 한껏 맞추어주며 노모를 자리에 앉혔다. 얼마나 이런 날을 꿈꾸며 살아오셨겠는가. 그동안 대선사 모친이라고 예도 받고 대접도 받기도 했다. 그러나 자신의 아들이 법상에 앉아 대중들을 지도하는 것은 직접 보아 기쁘고 벅찬 감동이야 있었겠지만 한 여인의 외롭고 간절한 구십 평생이 이 한 번의 법회로 다 갚아지겠는가.

  일연은 너무 많이 늦었지만 이 한 번의 법상으로 그동안의 서러움이

조금이라도 깊어졌기를 바라고 바라며 노모를 안아 침상에 뉘였다.

남아 있는 시간이 늑골을 조여왔다. 아침 햇살이 도량을 다 덥히면 노모의 손을 잡고 경내를 걷거나 무설당을 나가 길 아래로 내려가면 닿을 수 있는 학소대 아래로 자주 갔다. 노모가 좋아하는 장소이기도 하고 일연도 그곳이 좋았다. 인각사가 가지고 있는 풍광에서 으뜸이기도 했지만, 학소대 아래 푸른 소를 가만히 보고 있으면 깊고 깊은 그 소에 비치는 학소대 절벽이며, 그 위의 숲까지 품고 있는 물의 깊이가 노모의 가슴 깊이 같이 느껴져 무한이 바라보고 있는 것만으로도 노모에게 가 닿은 것 같기 때문이다.

특히 달이 밝은 날 노모와 같이 무설당 방문을 열고 무연히 앉아 있을 때면 만상의 실체를 감싸고 온 도량에 은은히 내리는 달빛은 필경 노모의 저 무애한 얼굴에서 비롯되고 있음을 자각하게 된다.

사람들이 보기에 국존이신 일연은 노모의 마지막을 성심을 다해 보살피는 것 같겠지만 실상은 70여 년 부처님 제자로서 밥을 얻어먹은 일연의 입장은 사위어져가는 노모와의 하루하루가 자신의 불제자로서의 마지막을 완성해주고 있다는 것을 알고 있다.

구산문도회도 잘 끝났고, 일연은 노모의 기력을 살피며 하루하루를 보내고 있었다. 산의 숲들은 한층 더 짙어가고 곧 더위가 몰려올 때쯤 노모의 거동은 표시 나게 힘들어졌다.

어머니와 함께 일어나고 어머니와 함께 밥을 먹고 어머니와 함께 잠자리에 들었다. 대중들은 큰스님 힘드실 테니 노 보살님 거처를 따로 마련해드리고, 수발하는 사람을 따로 붙여주겠다고 말을 했지만 일연은 그렇게 할 수가 없었다.

어머니는 지금 소멸해가는 중이었다. 그러니 그 시간을 한순간도 허투루 두지 않고 자신이 챙기고 싶었기 때문이었다. 어머니와 함께 있는 하루하루가 달고 단 시간이었다. 걸음이 어려운 어머니 손을 잡고 경내를 거니는 시간은 억겁이 녹는 시간이었고, 무설당 마루에 앉아 바라보는 달은 천 년을 깁는 시간이었다.

"스님요, 저 달 좀 보소. 저 달이 어찌 저리 밝은 기요?"

"우리 보살님 비춰줄라고 안 그라요."

"나를 비춰 뭐할라꼬. 아마도 우리 아드님 비춰줄라고 밝은 기라."

이상한 일이었다. 어머니는 일연이 불제자가 된 이후로는 단 한 번도 아들이라고 한 적이 없다. 행여 누가 그 댁 아들이라고 할라치면 불에 덴 듯 화들짝 놀라며 부처님 제자를 어찌 자신의 아들이라고 하느냐고 기겁을 하면서 화를 내던 사람이다. 단둘이 있을 때에도 꼬박꼬박 우리 스님이라고 하지 아들이라고는 한 적이 없다.

그런데 오늘 이 마루에 앉아 '우리 아드님'이라고 일연을 아들로 지칭하고 있지 않은가. 일연은 본능적으로 어머니가 오늘 밤 먼 길에 오른다는 것을 알아차렸다.

"어무이요. 저 달은 오늘 우리 어매 비출라꼬 왔는 기라. 저 달빛을 타고 관세음보살이 오시는 기라. 그러니 함 잘 보소. 보이는 기요?"

"보이다마다, 그만 들어갑시다. 달빛은 만상에 내리니 관세음보살도 만상에 내릴 터, 내가 여기 있으나 저기 있으나 달빛은 그 달빛일 터, 그만 들어갑시다."

　일연은 한 걸음 내딛기가 어려운 어머니를 옆구리에 끼다시피 끌어안아서 방으로 들어갔다. 그날 밤 달빛은 더없이 교교하고 서늘하였다.

　노모는 숨을 놓는 순간에도 아들과 자신의 손때가 묻어 있는 관음보살상을 찾았다. 옻칠한 것인 양 반들반들 윤이 나는 보살상을 꼭 보듬고 쓰다듬고 또 쓰다듬었다. 그리고 꺼져가는 숨결을 다잡으며 노모가 한 말은 '스님- 고맙습니다.'였다.

　자신의 품을 떠나 평생을 떠돌아다닌 아들, 내 속으로 낳은 아들을 절집에 빼앗기고도 노심초사 행여 누가 될까 숨소리 한번 내지 않고 지냈던 가여운 사람. 끝끝내 아들의 이름 대신 스님이라 부르며 눈을 감은 가여운 사람. 일연은 주름진 눈가로 번지는 눈물을 어찌할 도리가 없었다. '어머니 당신은 무엇을 보기 위해 이렇게 왔다가 무엇을 보고 가시는지요? 당신은 무엇을 보고 가십니까. 진정 보고자 한 것을 보기는 하셨는지요.' 망연히 묻고 되물어 보았다.

　가늠하기 어려운 분노와 회한이 칠십 노구의 가슴에 휘몰아쳤다. 남해 정림사에서의 소임을 마친 다음부터는 노모를 돌보아야 했다는 후회가 그 순간 밀려왔다. 무엇이 중하고 무엇이 급해서 내 앞만 바라보았던가. 노모는 당신의 태를 내어 일연 자신을 품은 순간부터 팔십 가까운 세월을 오롯이 아들인 일연에게 바쳤는데, 그 태를 빌어 나온 나는 그 긴 세월동안 오롯이 그 태를 갉아 먹으며 연명하였다는 사실을 이제야 깨달은 것이다. 허망하고 허망하구나. 어리석고 어리석구나. 자연의 순리이고, 당연히 각오한 이별이지만 회한이 몰아쳤다.

  그날 밤 마른 볏짚 한 단의 무게도 되지 않는 노모를 품에서 내려놓으며 일연은 긴 숨을 뱉었다. 칠십 평생 부처님 법을 쫓아다녔던 그 발걸음이 허깨비 놀음이었고, 한바탕 꿈이었을 뿐이라는 걸 그 순간에 알아차린 것이다. 그 한바탕의 꿈에서 지난 몇 개월의 시간이 자신의 인생에서 가장 값진 시간이었으며, 진정으로 깨어 있는 시간이었다는 것도 그 순간 알아차렸다.

  그렇게 일연은 구순이 넘은 노모를 모시고 인각사로 들어와서 채 일 년도 함께하지 못하고 노모를 학소대 북쪽 산기슭에 모셨다. 이제 그 한 많고 고난했던 가여운 여인은 진정으로 부처님 품에 든 것이다. 참으로 긴 세월이었다. 아니 찰나였다. 한바탕 꿈속이었다.

달빛으로 머물다

그렇게 떠난 어머니의 49재를 마치고 일연은 무극을 데리고 집필 작업에 몰두했다. 집필이라는 것은 고서에 전하는 우리 민족의 역사와 무극과 그동안 산야를 주유하며 듣고 보고 찾아낸 이 땅에 전해졌던 이야기를 정리하는 작업이었다.

그 이야기들은 북제(北齊)의 위수(魏收)가 찬술한 『후위서(後魏書)』에서 말하는 '고조선'의 이야기를 비롯하여 후한(後漢)의 반고(班固)가 지은 전한 시대의 단대사(斷代史)인 『한서(漢書)』와 『삼국사(三國史)』, 『삼국지(三國志)』, 『고승전(高僧傳)』, 『향전(鄕傳)』 등 옛 기록과 시대를 앞서 살다 간 옛 조사들의 행적, 사라지고 없는 옛 불교 유물과 남아 있는 불교 흔적에서 찾은 사람의 이야기이다.

기록하고, 다듬고 그것을 다시 확인하고 다시 수정하여 기록하는 동안 시간 가는 줄을 몰랐다. 이제 그동안 새겨두었던 것은 거의 다 기록으로 남기는 작업은 마무리 되어가는 중이다.

인각사에 내려온 지도 3년을 훌쩍 넘기며 만물이 해동되는 봄날을 맞았다. 일연은 저녁에 무극을 불렀다.

"이제 나도 좀 쉬어야겠으니 그동안 너는 운수행각이나 하고 오너라."

"운수행각이야 그동안 스님을 모시고 다녔지 않습니까. 그래도 제가 곁에서 시봉을 해드려야 마음이 놓입니다."

"이런, 이런 누가 자네 마음을 매달아놓기라도 했단 말이냐? 놓고 말고 할 게 뭐가 있어서."

무극은 아차 싶었다. 또 스승의 말을 앞질렀단 것을 깨달았다.

"그런 것이 아니라 제가 게을러서 편하고 싶어서입니다. 괜히 길 나섰다가 노독도 무섭고, 여기서 조석이나 편하게 먹고 놀라고 한 말입니다."

"자네 심중을 내 어찌 모를까. 그래도 내 기력이 있을 때 저 위에도 좀 다녀오고, 세상 소식도 좀 듣고 오너라."

"예, 대신 누구를 곁에 들일까요?"

무극은 스승이 저 위에도 좀 다녀오고, 라는 그 말뜻을 알아차렸다. 그리고 세상 소식이란 말이 품고 있는 그 속도 알아차렸다. 그러자 하루 빨리 다녀와야겠다는 생각에 마음이 급해졌다. 그래서 자신이 스승의 곁을 떠나 있을 동안 스승의 심중을 미리 알아차려서 시중 들 시자를 머릿속으로 떠올리며 물었다.

"신경 쓸 것 없다. 내 일은 내가 알아서 할 것이고. 또 대중이 이리 드나드는데 무슨 걱정이냐."

스승은 단호하게 다음 말을 차단했다. 사흘 후 무극은 두둑하게 짐을 꾸려 행각에 나섰다. 운수행각도 하고 저 위를 다녀오라고 하시니 한두 계절로는 어려울 것이다. 작정하고 다녀오라고 하시는 것은 가다가 군데군데 보고 듣고 오라는 말씀이니 흉내는 내어야 했다. 내심 진전사를 목적으로 두고 스승께 인사를 하고 인각사를 나섰다.

처음 인각사를 벗어나서 천기가 서린다는 계룡산 쪽을 둘러보고 싶어 그곳으로 발걸음을 돌렸다. 계룡산 쪽은 스승인 일연 스님도 곳곳을 다 못 헤집어 본 곳이라 미련이 깃든다고 한 적이 있고 그곳에 있는 신원사는 고구려 때의 승려 보덕화상이 창건한 곳으로 스승인 일연 스님이 보덕화상의 덕을 숭상하면서 여러 번 이야기한 적이 있는 곳이다. 언젠가 스승은 보덕화상의 뜻을 기리며 보덕화상에 대해 들려주었다.

보덕화상은 원래 고구려의 사람인데 도교를 숭상한 고구려의 보장왕이 불교를 믿지 않은 것에 고구려의 국운이 퇴락함을 알고 신력으로 방장(方丈)을 날려 하룻밤 사이 남쪽에 있는 완산주 고대산으로 옮겨와서 살았던 사람이다.

지금 고대산의 경복사에 있는 비래방장(飛來方丈)이 그때 보덕화상이 고구려에서 타고 온 방장이다. 그런 보덕화상에게는 고명한 제자가 11명이나 있었는데 무상(無上), 적멸(寂滅), 의융(義融), 지수(智數), 일승(一乘), 대원(大原), 수정(水淨), 사대(四大), 개원(開原), 명덕(明德), 개심(開心) 등으로 이들은 전국에 여러 절을 세우고 법화를 펼쳤다. 예전에 직접 경복사를 갔다 오기도 하였다. 보덕화상의 제자들은 모두 훌륭한 불법을 펼쳤으니 고려왕은 웅덩이를 막았지만, 와룡이 바다를 옮겨간 것을 알지 못했으니 어리석은 사람이다,라는 말로 보덕화상의 덕을 숭상하였다.

그런 여유가 있어 완주의 비래방장을 생각하였으나 어차피 북쪽으로 길을 잡아야 하니 남쪽인 완주에 있는 비래방장으로 가기에는 무리여서 스승께서 몇 번이고 그 덕을 칭송하였던 보덕화상이 창건하고 머물렀다는 계룡산 신원사로 발길을 잡았다. 지금 신원사에 주석하고 있는 주지스님은 스승인 일연 스님과도 인연이 있는 터라 몇 날 유숙하며 보덕화상의 법기도 느끼고 북쪽으로 떠날 심산이었다.

그러나 삶의 행로에는 예상 밖의 일도 일어나는 것이어서 들자마자 무단히 노독을 얻어 여러 달을 그곳에서 보냈다. 은사의 그늘은 이곳 신원사에도 두텁게 내리고 있어서 그나마 편히 몸조리를 하게 되었다. 몸을 털고 일어나 처음 목적한 진전사로 방향을 잡았다.

길을 나선지 근 반년 가까이 되어서야 강원도 진전사에 들 수 있었다. 그동안 스승인 일연 스님과 10여 년 넘게 전국을 다닐 때는 힘든 것도 어려움도 없었는데, 이번에 혼자 나선 길은 가다가 절집에 유숙하려고 드는 것도 낯설고 어렵고, 꽃 피고 단풍드는 산야도 마음에 자리 잡지 못하고 지나가 버리는 것 같았다.

그래도 목적한 진전사에 들렀으니 며칠만 쉬고 내려가야지 한 것이 이럭저럭하다 그사이 해도 넘기고 여일하게 진전사와 설후당을 오가며 시간을 보내고 있었다. 세월이란 물과 같아서 걸리지 않고 그사이 스승 곁은 떠난 지 2년이 가까이 되었다.

　무극이 그렇게 진전사에서 세월을 보낼 수 있었던 것은 연통을 끊지 않고 스승의 안부를 물어보면 잘 계시고 있다는 소식이 있었기에 설악산에 취해 이곳저곳 노니느라 헤어날 생각을 하지 않고 있었던 탓도 있다. 그런 중에 급하게 인각사로 오라는 소식을 받았다. 무극은 무심중에 명치가 턱 막히는 기분이었다. 삼복 중이니 산중에도 더위가 비키지 않은 탓만은 아니었다.

　무극이 진전사를 벗어나 숨이 차도록 여러 날을 달려 인각사에 도착한 날은 충렬왕 15년(1289) 7월 중순 마지막 더위를 몰아낼 때였으며, 사위는 적막해져가는 중이었다. 먼 길을 달려온 무극은 대웅전 용마루를 넘어오는 달을 잠시 올려다보고 곧바로 무설당으로 발걸음을 재촉했다.

　"스님, 소승 들어갑니다."

　무극은 섬돌 아래에서 신발을 벗으며 여쭈었다.

　"들어오시게."

　스승인 일연 스님의 목소리는 여느 때와 다를 바 없이 단정한 음색이다. 오랜만에 들렸지만 방안의 물상들은 이태 전 이 방을 물러날 때 본 그때와 하나 흐트러지거나 옮겨진 것 없이 그 자리에 그 모습 그대로임을 알 수 있다.

　"숨차게 오셨네 그려. 무슨 화급을 다투는 일이라고."

스승의 눈에도 헐떡거림이 보였는지 아니면 근 2년 만에 보는 제자가 반가웠는지 막 자세를 고쳐 앉는 무극을 바라보며 스님께서 말씀을 내렸다.

"소승 부름을 받고 길 나서자 마음이 먼저 내달리고 있었습니다. 이번엔 몸이 마음을 따라 잡지 못했습니다."

"아직도 마음과 몸이 따로 놀고 있구나. 두 놈 더 떨어지기 전에 동아줄로 매어두거라."

일연은 오십이 훌쩍 넘어서는 제자 무극을 지극히 바라보았다. '저도 이제 늙어가는구나. 그간 참 고마웠네.'라고 속으로 말을 했다.

"스님께서 아직 동아줄을 주시지 않으셨습니다."

"허허, 이런 화상을 봤나. 그 동아줄은 왜 나에게서 찾누. 오늘은 달구경이나 하시게나."

말은 그렇게 하시지만 내심 기분이 좋으신 것처럼 보여서 무극도 가슴에 박하향이 스미는 듯하였다. 하지만 스승인 일연은 숨결이 힘겹고 가쁜 것을 무극에게 다 숨기기는 어려웠다.

무극은 그런 일연 스님의 몸이 염려스럽지만 내색하지 않고 스님께서 궁금해하실 저 위쪽의 진전사 이야기를 들려드렸다. 특히 설후정사에 계신 정 보살님의 근황을 세세하게 들려주었다. 진전사에 머무르는 동안 하루에 한 번은 설후정사에 들러 정 보살님과 다담을 나누었다는 것과 스승이신 일연 스님은 전국을 주유하며 처처에 계신 부처님 가피 이야기를 채록하고, 앞선 조사들의 이야기를 기록하는 일로 몇 년을 보내셨다는 이야기를 해드렸다고 했다. 그리고 스승께서는 이제 모든 일에서 놓여나 그렇게 모은 자료들을 보시는 재미로 오롯이 당신의 세계에 들어 계신다는 것도 들려드렸다고 전했다.

지그시 무극의 말을 듣고 있던 일연은 혼자 속으로 물었다. '그 여인은 어떠하더냐?' 그 말을 듣기라도 한 것처럼 무극이 말을 이었다.

"스님, 노 보살님은 그때 그 모습 그대로 계셨습니다. 하루에 한 번 관음전에 가서 관세음보살님을 뵙는 일은 복된 날이라 하시면서 지극히 평온한 생활을 하고 계셨습니다. 그리고 제가 떠나올 때 스님께 전해달라고 한 물건을 주셨습니다."

말을 마치고 무극은 걸망에서 한지에 곱게 싼 것을 건네주었다. 일연이 건네 받은 한지를 조심조심 열자 관세음보살님이 곱게 수 놓여 있는 흰 명주천이 나왔다. '그녀도 나처럼 아직도 그 하나에 매여 있는가? 허망하고 부질없구나.' 일연에게는 그 여인은 젊은 날의 연민이며, 사형에게 보답할 수 있는 존재이며, 진전사 그 자체였다. 이제 이 인연도 끝에 닿은 것이기에 일연은 쓰리는 가슴을 쓸어내렸다. 방문을 열어놓고 달이 방안으로 들어오기를 기다리듯 두 사람은 자세를 마당 쪽으로 고쳐 앉았다.

일연 스님이 내려와서 주석하신 뒤로 이곳은 많은 사람들이 들고 나고 한다. 어찌 보면 드나드는 사람들이 많은 만큼 번잡할 것 같지만 신기하게도 꼭 그렇지가 않다는 것이다. 이곳 일주문 안으로 들어서면 그야말로 적막하리만치 고요하다. 그 고요함은 침잠하는 고요가 아니라 달빛 번지듯 은은하게 그러나 환하게 번지는 그런 고요함을 느낀다. 무극은 그런 기운이 저 뒤로 보이는 울울창창한 가지산 자락이 도량 전체를 안고 있고, 저 앞산 자락 너머 우뚝 솟은 옥녀봉의 기운과 그리고 오른쪽으로 정갈한 담장 너머로 화북 골짜기를 거쳐 흐르는 개천의 맑은 물과 깊고 푸른 소(沼)를 발아래 둔 학소대가 대웅전을 마주하고 있기 때문이라고 혼자 짐작하곤 하였다. 그리고 그 중심에 스승인 일연 스님이 계시기에 인각사는 언제나 달빛 아래 있는 것처럼 고요하고 은은하다고 믿었다.

자연의 섭리와 궤도는 신기하기도 하여 달포 이상을 비 한 방울 구경 못 하고 하늘도 땅도 사람도 삼라만상이 폭염 속에 들어 모두가 힘이 들어 있었는데, 엊그제 입추를 넘기고 나니 산중은 새벽이면 찬 기운이 돌 정도로 가을 기운에 들었다. 더군다나 오전에 잠시 다녀간 비 덕분에 숲도 하늘도 더없이 깨끗해져 있어 공기는 상쾌하고 고즈넉하여 가람 전체가 흡사 커다란 유리구슬 속에 든 것 같았다.

이곳 인각사의 달빛은 유난하다. 초승달부터 보름달, 보름달에서 다시 그믐까지 그 정취는 취할 수 있는 사람만이 취할 수 있는 유별함이 있다. 무극은 그렇게 생각하는 것이다. 달빛을 이야기하면서 그믐을 말하니 엉터리 같지만 사실 그믐이야말로 달빛의 진면목을 볼 수 있다. 특히 섣달그믐 삼경을 지날 때 잠들지 않고 여기 인각사 방사의 문을 열고 나와 무설당 쪽으로 내려가다 보면 학소대에서 걸어오는 달빛의 흰 옷자락을 볼 수 있다. 모습을 드러내지 않고 만상을 비추는 달빛, 깜깜한 속에 드러나는 학소대의 모습은 달빛이 아니고서는 그 모습을 비추어내지 못할 것이기 때문이다.

어른께서 오늘은 달구경이나 하자고 하시니, 대웅전 용마루를 넘어 막 마당으로 내려오는 달을 무심히 쳐다보았다. 무극 자신의 눈에는 그저 쌀 편 한 귀퉁이를 크게 베어 문 것같이 보이는 저 달 속에서 어른께서는 무엇을 읽고 계신다고 생각하니 그도 그 무언가를 찾고 싶어졌다.

하지만 아무리 보아도 보이는 것은 없고 저 떨어져 나간 귀퉁이가 다 채워져 보름달이 되려면 몇 날을 더 지나야 하나, 속으로 헤아리고 있다는 것을 깨달았다. 들키지는 않았지만 스스로 민망하여 달을 향해 합장하고 고개를 숙였다.

"지금 무엇을 만나셨는가?"

갑자기 스승께서 물으시는 바람에 화들짝 놀라 돌아보았다. 만월을 몇 날 남겨놓았지만 달빛은 고요하고 밝아서 어른의 얼굴을 환하게 비추고 있었고, 그 낯빛은 한 번도 본 적이 없는 그런 몽유의 빛이었다.

"제자 미련하여 아무것도 보지 못했습니다."

"아무것도 없는데 예를 올렸단 말인가?"

"그건 그냥 보름달이 되려면 몇 밤이 지나야 하나 그걸 세다가 스스로도 미련함이 민망하여 저도 모르게 나온 행동이었습니다."

무극은 자신의 답에 대한 가르침이나 꾸짖을 다음 말씀을 기다렸으나 스승께선 그저 빙그레 웃으시면서

"오늘 보는 달빛은 참 장장(長長)하구나."

라고 하시며 손수 방문을 닫았다. 그리고는 문갑 맨 아래 칸 문을 열고 묵직한 보자기 하나를 꺼내셨다.

"스님이 가지고 계시게. 긴 세월 나를 따라다닌 발품이니……. 잘 알아서 하시게."

순간 무극은 앉은 채로 휘청했다. 어른의 목소리가 흡사 이승의 소리가 아닌 것처럼 들렸기 때문이다. 얼핏 꿈결에 든 착각마저 일었다. 창호지를 뚫고 들어오는 교교한 달빛과 반질반질 손때가 묻어 재질이 무엇인지도 알 수 없는 촛대에서 가물거리는 촛불이 몸을 섞으며 흐르는 방안, 웃는지 우는지 살아 있는지 죽었는지도 분간이 되지 않는, 흡사 사바와 정토의 경계를 무너뜨린 묘한 눈빛으로 자신을 그윽이 바라보는 스승, 지금 자신의 눈앞에 보이는 일연 스님의 모습이 묘법(妙法)인가 싶었다. 무극은 세차게 머리를 한 번 흔들고 꿇어앉으며, 무슨 말씀을 하시는지 모르겠다고 했다.

"스님, 그곳에서는 무엇을 보고 오셨는가?"

일연 스님은 다시 한 번 무극에게 스님이라고 호칭하며, 잠시 일연 자신을 떠나 있었던 시간 동안의 공부를 물어보셨다. 스님께서 물으신 그곳은 무극이 일연 스님을 따라 이곳 인각사로 내려와서 어른스님의 집필 작업을 돕다가 스승의 명으로 혼자 찾아간 설악산일 것이다. 그는 사실 스승인 일연 스님을 모시고 운문사에서 이곳 인각사로 올 때에는 일연 스님 곁에서 한 발짝도 떨어지지 않을 생각이었다. 스승님도 이미 연로하시고, 또 달리 자리를 떠나 더 무엇을 하고 싶은 것도, 열정도 없었기 때문이다. 그런데 뜬금없이 스승께서 북쪽으로 운수행각을 떠나라고 하셨다.

스님 곁을 떠나 근 2년 가까운 시간이 흘렀지만 생각해보니 본 것도 들은 것도, 아니 무엇이라도 생각나는 것이 없다. 그냥 봄날 나무들 잎 틔우면 그 잎사귀 바라보고, 여름 소나기 오면 허둥지둥 비설거지를 하고, 때로는 요량 없이 흠뻑 젖기도 하고, 그러다가 가을이 오면 화톳불 살아나듯 산꼭대기에서 서서히 번져오는 단풍드는 모습을 무량무량 보았을 뿐이다.

겨울은 그야말로 무념의 세상이다. 특히 무극이 한철 머물었던 낙산사와 오기 전까지 신세를 졌었던 진전사는 스승인 일연 스님의 마음 한 자락이 걸쳐 있는 곳답게 깊고 깊은 산속에 숨어 있어 숨소리도 무중력 같은 한기에 멈추는 곳이 아닌가.

"무엇을 보았는지 잘 모르겠습니다. 생각해보면 나무의 새순도 보고, 벽력같은 소나기도 맞고, 불타는 단풍 속에 들기도 하고, 또 한 길이나 넘는 눈 속에 갇히기도 하였던 것 같습니다. 제자 많이 어리석고 미련하여, 무엇을 보고도 못 본 것 같습니다."

"봄날 새순은 뿌리의 노고일 것이고, 한 길 넘는 눈 속에는 매화가 움텄을 것이고, 그 붉고 푸른 움들은 뿌리를 물고 있었을 것. 만물은, 만사는 모두 그러한 것을……."

"아둔하여 미처 거기까지 눈이 닿지 않았습니다."

"애썼네. 곤할 테니 물러가 쉬시게."

"예, 소승 그만 나가보겠습니다. 편히 주무십시오."

무극은 묵직한 보자기를 가슴에 안고 뒤로 조용히 물러나와 문을 닫고 나왔다. 그사이 달은 일주문 쪽으로 천천히 가고 있었다. 고개를 젖히고 하늘을 보았다. 점, 점, 불빛 같은 별이 보이고 바람이 부는지 구름이 달 쪽에서 별 쪽으로 간다. 구름은 저 천공 중에서 사라지거나 언젠가 비가 되거나 눈이 되어 지상에서 사라질 것인데, 오늘은 저 허망할 것 같은 존재가 빛나고 있는 달과 별 사이 길을 내고 있다.

방으로 돌아온 무극은 보자기를 펼쳤다. 스승님의 필체가 빼곡한 누런 종이가 묶음으로 펼쳐졌다. 참으로 의아한 일이라 생각했다. 이 종이 묶음은 지난세월 자신과 스승이 전국을 주유하며 보고 들은 것들을 기록해놓은 것이 아닌가. 그리고 이것은 스승께서 자식처럼 품고 있던 것이었다. 섣불리 누구에게 내 보인 적 없고, 무극 자신과 스승인 일연 스님만 아는 물건이기도 했다. 그해 초봄 스승의 명으로 운수행각을 떠나기 전 하직 인사차 들렀을 때도 스승님이 다독이고 있던 그것이었다.

스승은 이것을 매우 소중히 다루고 있었으며, 가끔 펼쳐볼 때는 환희와 설렘, 두려움과 근심이 섞인 것 같은 묘한 표정을 지으셨기에 감히 그것에 대해 묻지를 못했다. 짐작으로 저것은 그동안 스님께서 자신을 데리고 다니시며 보고 듣고 체험한 일들을 이야기로 만들어놓은 것이니, 그 이야기들을 부처님 법에서 멀어져가는 민초들에게 전하고 싶어 한다는 것과 그렇게 하기 위하여서는 서책으로 만들 것이라는 정도로만 알고 있다. 그리고 그런 결과물은 스승께서 품은 필생의 작업일 것이라 미루어 보았을 뿐이다. 물론 스승인 일연이 그렇게 할 것이라고 명확하게 무극 자신에는 말한 적도 있었으니 당연히 무극 스스로 그렇게 짐작만 하고 있었던 그 종이 뭉치가 지금 무극에게 건너온 것이다.

대체 이게 무슨 속내이신가? 무극은 알 수 없는 아득함이 밀려왔다. 천 리나 먼 곳에 있는 사람을 화급히 불러놓고 알아들을 수 있는 설명도 없이, 앞으로 이것으로 어떻게 하라는 것인지 정확하게 말해준 적 없는 종이 한 뭉치만 던져주시다니, 무극은 풀었던 보자기를 다시 싸서 머리맡에 밀쳐놓고 자리에 누웠다.

한 시간이나 지났을까. 달은 이제 학소대 위에 걸터앉아 그 은은한 빛을 풀어 이쪽으로 보내 도량 구석구석을 다 비추고 있었다. 그때까지 일연은 무극이 뒷걸음으로 조용히 나간 그 문을 바라보았다. 그리고 자리에 앉아 지필묵을 꺼내놓고 심호흡을 한 다음 일생의 마지막을 찍었다.

    즐겁던 한 시절 자취 없이 가버리고
    시름에 묻힌 몸이 덧없이 늙었어라
    한 끼 밥 짓는 동안 더 기다려 무엇하리
    인간사 꿈결인 줄 내 인제 알았네

붓을 내려놓고 침상으로 가 앉았다. 침상 머리맡에는 예전 진전사에서 어머니를 생각하며 깎았던 울퉁불퉁 못난이 산벚나무 보살상이 오도카니 놓여 있다. 긴 세월 일연 자신의 손때와 어머니의 손때가 묻어 반들반들 빛이 났다. 일연의 손에서 어머니의 손으로 다시 일연의 손으로 건너온 불상, 일연에게는 어머니를 대신하였고 어머니에게는 아들인 일연을 대신한 관세음보살이다. 일연은 두 손으로 곱게 들어 올려 가만히 들여다본 다음 감사합니다,라고 속마음을 전하고 제자리에 놓아두고 침상에 누웠다. 그리고 무극에게서 건네받은 그 여인의 숨결과 손길이 머문 고운 명주천은 옷섶을 열고 품에 넣었다. 누운 채로 방 안을 한번 둘러보고 가슴에 두 손을 가지런히 올려놓고 금강인(金剛印)을 맺고 두 눈을 감았다.

눈을 감은 일연의 몸은 누운 상태로 어디론가 한없이 흘렀다. 정신을 차려보니 늙고 병든 몸은 간 곳 없고 장딴지에 힘줄이 솟는 청년의 몸으로 진전사 돌계단을 오르고 있었다. 저 앞에서 일중 스님이 자신을 향해 그 특유의 환하고 은근한 미소를 띠고 바라보고 있었다. 주위를 둘러보니 아무도 보이지 않고 일중 스님 혼자 있는 듯하였다. 가까이 다가가서 일연은 이 넓은 도량에 왜 아무도 보이지 않고 사형님 혼자 계시느냐고 일중 스님에게 말을 건넸다. 그러자 일중 스님은 아무 말 없이 빙그레 웃으며 평소의 습관대로 일연의 한쪽 어깨를 따뜻하고 든든한 손으로 감싸고는 뒤에 보이는 전각 안으로 일연을 데리고 들어갔다.

사형을 따라가면서 보니 아까 돌계단을 올라올 때는 분명 진전사 대웅전이었는데, 안쪽으로 들어가니 끝없이 길게 이어진 회랑이 나왔다. 바닥은 흡사 솜 위를 걷는 것처럼 폭신하였고 발걸음은 나는 듯 가벼웠다. 그렇게 일중 스님이 이끄는 대로 한참을 걷다가 '수고하셨네.'라고 하는 사형의 목소리에 정신을 차리고 돌아보니 사형인 일중 스님은 온데간데없고 눈앞에 비슬산 무주암이 나타나 있었다.

이상한 일이었다. 가슴 한구석에 늘 품고 있던 사형이 꿈처럼 나타났다 꿈처럼 사라졌는데도 아쉽거나 서운하거나 이상하다는 생각은 들지 않았다. 그것은 그것으로 일어났다 사라진 일이었다.

무주암은 지붕에 잡풀들을 키우고 그대로 있었다. 방문을 열고 들여다보니 토벽에 얹어놓은 가는 관솔불에 그림자를 만들고 등 돌려 앉아 있는 사람이 있었다. 일연이 기척을 하자 그 사람은 앉은 채로 몸을 돌려 자신을 바라보며 빙긋 웃는데 바로 일연 자신이었다. 젊은 시절 어떤 한 생각에 닿아 대견사에서 짐을 챙겨 이 무주암에 거처를 정하고 관솔불을 켜고 앉았던 그날 밤 자신이 그대로 있었다.

일연은 소스라치게 놀라 뒤로 네댓 걸음 물러났다. 물러나서 다시 바라보니 그 방은 관솔불 대신 달빛이 가득 쌓여 환했고, 자신을 바라보며 빙그레 웃던 젊은 시절의 자신은 온데간데없었다. 꿈이로구나, 꿈이야, 혼잣말로 뇌이며 쏟아지는 달빛에 잠시 취했다 주위를 둘러보니 그는 벌써 해남 땅 무량사에서 돌아와 있었다.

계정 스님은 여전히 혼자 바쁘게 움직이고 있고, 무정 스님은 어린 자신을 앞에 앉혀놓고 글 읽기를 가르치고 있었다. 글을 읽다가 고개를 돌려 눈으로 계정 스님을 찾으면 계정 스님은 기다렸다는 듯이 자신의 눈앞에 나타나 찡긋 눈웃음으로 자신을 달래고는 고개를 끄덕여 주었다. 무량사는 여전했다. 무정 스님은 근엄하고 뜨듯하게 자신을 훈육하고 있었고, 계정 스님은 한없이 그윽하게 자신을 챙기고 있었다. 시간도 공간도 변한 것은 아무것도 없었다. 일연은 지금 자신의 눈앞에 앉아 있는 무정 스님과 계정 스님과 그리고 그 두 사람을 마주하고 있는 자신의 모습을 바라보다가 그것을 바라보는 나는 누구인가 하고 돌아보았다. 돌아보니 늙고 병든 몸뚱이 하나가 인각사 무설당 침상 위에 가만히 누워 있었다.

'꿈 한번 길고 요란했네. 이제 그 꿈에서 깨시게나.' 일연은 스스로에게 그렇게 마지막 인사를 하고 그 몸뚱이를 두고 조용히 인각사 산문을 나섰다.

그 시각 무극은 좀처럼 잠들지 못하고 다시 일어나 촛불을 켰다. 머리맡에 밀쳐두었던 보자기를 끌어당겨 다시 풀고 종이 뭉치를 꺼냈다. 왠지 모를 긴장감에 쉼 호흡을 한 다음 종이의 첫 장을 열어 보았다. 거기에는 눈에 익은 글씨로 기록된 목록이 있었다.

〈기이(奇異)〉·〈흥법(興法)〉·〈탑상(塔像)〉·〈의해(義解)〉·〈신주(神呪)〉·〈감통(感通)〉·〈피은(避隱)〉·〈효선(孝善)〉, 무극은 조용히 그 글씨들을 내려다보며 합장을 하였다. 목록만 보아도 그것이 무엇인지 알아차렸다.

스승인 일연 스님과 노닐었던 지난 세월이 무극의 눈앞에서 쏜살같이 흘렀다. 오어사에서의 첫 만남과 자장암에서 자신의 이름을 부르던 그 목소리가 이명처럼 나타났다 사라졌다. 그리고 스스로 스승인 일연의 지팡이를 자처하고 함께 누볐던 산야 곳곳이 굽이치며 흐르는 강물처럼 눈앞을 굽이굽이 흘러갔다.

 첫 행선지인 경주로 떠날 때의 뿌듯함과 설렘도, 분황사 모전탑 앞에서의 그 형언할 수 없는 벅참도 출렁 눈앞에 다가왔다 사라졌다. 그때를 시작으로 틈날 때마다 스승인 일연을 모시고 참 많이도 돌아다녔다. 목적 없이 발길 닿는 대로 다닌 것 같지만 돌이켜 생각하니 스승께선 단 한곳도 이유가 없고 목적 없이 간 것은 아니었다. 옛사람들이 보고 듣고 체험했던, 그러나 이제는 아예 사라지거나 흔적만이 있는 곳을 찾아서 다녔던 것이다. 그리고 그곳에서 찾은 것들을 이야기로 만들어 정리해놓은 것이 지금 자신 앞에 펼쳐져 있는 것이다.

 스승께선 이야기를 하나 마무리하여 기록이 끝날 때마다 '지금 이것은 필생의 소임이다.'라고 스스로에게 다짐하듯 하시지 않으셨던가. 불현듯 백월산의 '백월산남사(白月山南寺)'를 찾았던 때가 떠오른다. 가을색이 완연한 산길을 따라 백월산남사를 찾아가며 무극은 일연 스님에게 재미있고 괴이한 이야기를 들었다.

 이야기는 수백 년 전인 까마득한 신라 때의 이야기로 백월산 무등곡에는 인간세상을 멀리하고 무상의 도를 이루기 위해 정진하리라고 다짐한 두 사람이 들어와 살았고 그 두 사람이 현신성불한 내용이었는데, 뜬금없이 그때 이야기를 하시던 스승의 음성이 마음에서 다시 들려왔다.

  그들의 이름은 달달박박과 노힐부득이었다고 한다. 박박은 북쪽 고개에 여덟 자의 판잣집을 짓고 살았으므로 판방(板房)이라 하였고, 부득은 동쪽 고개 돌무더기 아래 물이 있는 곳에 방을 짓고 살았기에 뇌방(磊房)이라 하였다. 이들은 각각의 방에서 살면서 부득은 미륵불을 구하고, 박박은 미타불을 구하며 부지런히 수행하였다.
  그러던 어느 날 해가 저물어 갈 무렵 아리따운 부인이 박박이 있는 북쪽 판방에 찾아와 문을 두드리며 말하길 '나그네 걸음이 늦어 해가 지니 온 산은 저물고, 길 막히고 마을은 먼 데 사방이 고요하네. 오늘 밤은 이 암자에서 머물고자 하니 자비로운 스님께선 화내지 마십시오.'라고 하며 하룻밤 자고 가기를 청하였다. 그러나 박박은 절은 깨끗함을 지키는 곳이고, 나는 수행하는 사람이니 마음을 어지럽히는 여자인 당신을 머물게 할 수 없다고 말하며, 그 부인을 문밖에서 내치고 문을 닫고 들어가 버렸다.
  그 부인은 이제 부득이 수행하고 있는 뇌방으로 찾아가 문을 두드리며 '해 저문 깊은 산골에 가도 가도 인가가 보이지 않네. 소나무와 대나무의 그늘은 더욱 깊건만, 골짜기의 시냇물 소리가 오히려 새롭네. 자고 가기 애원함은 길을 잃어서가 아니라, 높은 스님을 인도하기 위함이니. 바라건대 내청만 들어주고 나를 누구냐고 묻지 마오.'

라고 노래 불러 하룻밤 머물기를 청하였다

부득은 놀랍기도 하고 난처하기도 하였지만 '이곳은 내가 수행하는 곳이라 부인과 함께 있을 곳은 못되지만 중생을 살피는 것도 보살행의 하나이다. 더구나 이미 날이 저물었으니 청을 들어주지 않을 수 없겠다.'고 생각하고는 부인을 방안으로 들어오게 하였다.

밤이 되자 부득은 마음을 가다듬고 희미한 등불을 켜고 벽을 보고 앉아 고요히 염불을 하였다. 그런데 밤이 끝나갈 무렵 갑자기 부인이 해산기가 있다고 말하며 해산을 도와달라고 하는 것이었다. 부득은 어쩔 수 없이 짚자리를 마련하여 부인이 해산하는 것을 도왔다. 그러자 부인은 이번엔 목욕을 시켜주기를 간청하였다. 부득은 심히 난처하고 두려운 마음이 일어났으나, 그 두려운 마음보다 애처로운 마음이 더 들어 거절하지 못하고 보살심으로 물을 데우고 목욕통을 준비하여 목욕을 시켜주었다.

그러자 얼마 후 목욕물에서 향기가 나며 물빛이 금색으로 변하였다. 부득이 너무 놀라 뒤로 물러서자 부인이 부득의 손을 끌며 같이 목욕을 하자고 했다. 부득이 마지못해 목욕통 안으로 들어가 물에 몸을 적시자 몸이 금빛으로 변하였고 옆에 연화대가 생겼다. 그러자 부인이 부득으로 하여금 그 연화대에 앉기를 권하며 말하기를 '나는 관음보살인데 이곳에 와서 열심히 수행하는 대사를 도와 대보리를 이루도록 한 것이요.' 하고는 사라졌다.

한편 박박은 어제의 일을 떠올려 보니 분명히 그 부인이 부득에게도 갔을 것인데, 아마 부득은 어젯밤 계를 더럽혔을 것이라고 미루어 짐작하고 비웃어줘야겠다고 생각하며 부득이 있는 뇌방을 찾아갔다. 그러나 도착해보니 부득은 미륵존상이 되어 연화대에 앉아 광채를 빛내고 있었다. 박박은 자신도 모르게 머리를 조아리며 어찌 된 일이냐고 물으니 부득이 그 연유를 이야기해주었다. 박박이 탄식하며 나는 부처님을 만났어도 마음이 막히어 깨닫지 못하였으니 어진 스님께서 나보다 먼저 성불하셨으니 옛 인연을 잊지 말고 도와달라고 부탁을 하였다. 이에 부득이 통 안에 아직 물이 남아 있으니 그 물로 몸을 씻으라고 일러주었고. 박박이 남은 물로 몸을 씻자 부득처럼 무량수 부처가 되어 부득과 마주 보게 되었다.

아마 이 종이 뭉치 어디쯤엔가 이 이야기도 적혀 있을 것이다. 스승인 일연 스님은 이 이야기를 자신이 직접 본 것처럼 맛깔나게 해주시면서 지금 우리가 찾아가는 백월산남사는 달달박박과 노힐부득의 이야기를 들은 신라의 경덕왕이 그 이야기에 감동하여 그 자리에 큰 절을 지은 것이라는 말로 백월산남사의 창건 연유도 함께 알려주시었다. 그 이야기를 들려주면서 은사 일연 스님은 이렇게 일러주기도 했다.

"무극아, 이야기에 나오는 부인은 어머니의 상징으로 나타난 것이라고 볼 수 있다. 『화엄경』에 마야 부인이 선지식으로 열한 군데 살면서 부처를 낳아 해탈문을 열었던 것을 말하지 않느냐. 부인이 해산한 뜻이 이것과 같다고 봐야 한다. 부인이 노힐부득과 달달박박이라고 하는 두 스님에게 말하는 내용을 보면 애절하고 간곡하고 또 사랑스럽다. 마치 하늘에서 온 선녀의 분위기가 있지 않으냐.

 이 이야기가 희한하고, 거짓말 같아 믿기지가 않겠지만 그때 현신성불한 노힐부득과 달달박박 두 스님의 이야기는 진실로 살아 있어 그곳에 절을 세워 금당에 미륵존상을 모시고, 강당에 아미타 부처님을 주조하여 모셨다고 하지 않느냐. 그리고 그 두 부처님이 아직도 그 자리에 앉아 계시셔 오늘 또 우리 같은 사람이 이렇게 찾아가는 것이니 어찌 허황된 거짓말이라 하겠느냐. 우리가 지금 찾아가는 백월산남사의 이야기는 예부터 전해오는 이야기를 우리가 믿는 것이고, 또 내가 너에게 이야기 해줌으로써 너는 또 그 이야기를 다른 이에게 전할 것이다. 너와 내가 이렇게 전해오는 이야기를 찾아서 기록해두려는 것은 그 기록이 사람과 사람의 입으로 전해져 후대에도 전해질 것이기 때문이니라. 그러니 우리가 잘 기록해두어야 할 것이야."

 그때 무극은 스승인 일연 스님이 자신을 데리고 여러 곳을 다니면서 전해들은 사람들의 이야기와 희미하게 남아 있는 절과 탑의 흔적을 통해 엮어낸 이야기를 밤새워 종이에 기록하는 이유가 희미하게 가슴으로 스며듦을 느꼈었다. '이야기를 만들어 전승해야 한다. 그것이 나와 너의 소임이니라.' 스승의 목소리가 이명처럼 들려왔다.

 스승께서는 그것이 자신이 해야만 하는 필생의 작업이라고 자꾸 뇌이시던 그 마음도 납득이 갔다. 그런데 그런 스승의 필생의 작업이었던 물건이 지금 자신의 손에 쥐여진 것이다. 홀린 듯이 다음 장을 넘겼다. 거기에는 이렇게 기록되어 있었다.

첫 머리에 말한다.

대체로 옛날의 성인들이 예악(禮樂)으로 나라를 일으키고 인의(仁義)로 가르침을 베풀려 하면 괴이, 완력, 패란, 귀신에 대해서는 어디에서도 말하지 않았다. 그러나 제왕이 일어나려고 할 때에는 하늘이 내리는 명을 받는 사람은 반드시 보통 사람과 다른 점이 있었고 그런 연후에야 큰 사건들을 이용하여 천자의 지위를 장악하고 대업을 이룰 수 있었다. 중국의 염제는 용과 신농씨의 어머니인 여등 사이에서 태어났고, 유용씨 부족의 여인인 간적은 제비 알을 삼키고 상나라의 시조 설을 낳았으며, 한나라의 황제 유방도 그 어머니가 용과 큰 연못에서 교합하여 낳았다. 그러므로 우리 삼국의 시조가 모두 신비롭고 기이한 데서 나온 것이 어찌 괴이하다 하겠는가?

단정하고 단호한 스승의 필체를 눈으로 따라가며 무극은 평소 일연 스님이 하던 말이 무슨 뜻인지 이해가 되었다. 스승께선 우리 민족의 뿌리에 대한 자긍심이 대단하셨다. 특히나 우리 민족의 시조에 대한 이야기를 할 때면 그 역사가 중국의 요임금 때와 같은 시기이며, 시조는 천제의 아들인 환웅과 깊은 굴속에서 쑥과 마늘을 먹으며 100일을 견디고 사람이 된 곰, 즉 웅녀 사이에서 태어난 '단군왕검(檀君王儉)'이라고 말했다.

그러면서 이 이야기를 후대에는 기이하고 괴이하고 신비롭다 하겠지만, 중국의 시조들도 그러하듯 사람의 역사가 그러하니 탓할 바는 아니며, 우리 민족은 하늘을 지배하는 천제의 핏줄인 천손 민족이라는 자긍심을 가져야 한다고 힘주어 말하곤 했다.

스승께서 한 자 한 자 심혈을 기울이며 묶어놓은 이야기를 처음 대하듯 다시 읽어가다 보니 스승께서 이렇게 방대한 이야기를 채집할 때, 우리 민족의 시원부터 그동안의 흥망을 거듭해 왔던 옛 왕조의 시조와 그 왕조를 이끌어 역사를 만든 역대의 왕들에 대한 이야기를 꼼꼼히 기록하여 놓은 그 깊은 뜻이 모두 민족에 대한 자긍과 애정에 기반하였으며, 그 기반에는 부처님의 큰 세계가 항상한다는 것을 만백성에게 전하고자 하는 일념이었음을 알 수 있었다.

무극은 한참을 읽어 내려가다 멈추고 일어나서 문을 열고 밖을 보았다. 달은 이미 기울고 여명이 오기 전 얕은 어둠이 내리고 있었다. 신발을 신고 댓돌을 내려와 무설당이 보이는 쪽으로 몇 걸음 걸어 나와 스승께서 주무시는 방문 쪽을 바라보았다.

스승께선 벌써 일어나셨는지 황초 타는 불빛이 방문 밖까지 새어 나와 흔들리고 있었다. 무극은 천천히 무설당으로 걸어갔다. 방문 앞에 닿아서 스님- 하고 길게 불러보았다. 방안에선 아무런 기척이 없었다. 스승께선 평소에도 시봉하는 제자를 잠자리 곁에는 두지 않으시기에 분명 혼자 계실 터인데, 몇 번을 불러도 대답이 없자 무극은 자신도 모르게 온몸의 피가 한꺼번에 빠져나가는 순간을 경험하고 살갗에 소름이 돋았다.

"스님―"

무극은 황급히 부르며 방문을 왈칵 열어젖히고 침상 쪽으로 달려가 몸을 굽혔다. 어제저녁 함께 달빛을 보던 스승은 이미 떠나시고, 스승께서 남긴 아주 가벼운 육신이 손으로 금강지를 맺은 채로 반듯하게 누워 있었다.

무극은 망연히 한참을 그 자리에 멎어 있었다. 여명이 방안까지 들어와 흔들리는 촛불을 다 지워갈 때 무극은 참았던 숨을 토했다.

지난 시대 이 땅에 살다 간 군왕의 역사와 부처님 도량과 그 도량을 일으켰던 조사들의 발자취와 민초들의 신심이 가득한 역사를 하마터면 잃어버릴 뻔하였다. 그 발자취를 스승인 일연 스님이 『삼국유사(三國遺事)』라는 이름으로 묶어서 자신에게 툭 던져주고 가셨다.

"부처님의 법은 이렇게 흔적을 두어 진실임을 알게 하고 중생을 구제하는 것 아니겠느냐. 그러니 앞서 중생 구제를 실천하신 발자취를 남긴 분들의 행적이나 옛 시대에 있었던 주목할 만한 것들은 다 기록하여 구수한 옛이야기처럼 전승하여야 할 것이야. 입에서 입으로 전해지도록 이야기를 만들어 전승해야 할 것이야. 그것이 나와 너의 소임이니라."

오랑캐의 폭압 아래 민족의 주권과 백성의 평안을 기원하며, 부처님의 이야기를 만백성에게 전하고자 일생을 바쳤던 가지산문의 불제자 목암 일연(睦庵 一然)의 목소리가 꿇어앉은 무극의 어깨 위로 무겁게 내려앉았다.

 무극은 일어나 밖을 보았다. 어젯밤 스승과 함께 바라보았던 밝은 달은 장지문을 밝히는 여명을 위해 자리를 비켜주고 있었으나 그 본래는 원래가 하나였으니, 원경충조! 만법을 원만하게 그리고 충만토록 비추고 있어 주위는 환하게 밝아오고 있었다.

일연, 달빛으로 머물다

2022년 12월 20일 초판 1쇄 펴냄

지은이 _ 김은령
펴낸이 _ 양문규
펴낸곳 _ 詩와에세이

신고번호 _ 제2017-000025호
주　　소 _ (30021)세종특별자치시 조치원읍 충현로 159, 상가동 107-1호
대표전화 _ (044)863-7652,
팩시밀리 _ 0505-116-7653
휴대전화 _ 010-5355-7565
전자우편 _ sie2005@naver.com
공 급 처 _ 한국출판협동조합
주문전화 _ (02)716-5616
팩시밀리 _ (031)944-8234~6

ⓒ김은령, 2022
ISBN 979-11-91914-34-4 (03810)

* 지은이와 협의하여 인지는 생략합니다.
* 이 책 내용의 전부 또는 일부를 재사용하려면 반드시 지은이와
  詩와에세이 양측의 동의를 받아야 합니다.
* 책값은 뒤표지에 표시되어 있습니다.